콘텐츠 대전환 시대

케이팝 인사이트

콘텐츠 대전환 시대
케이팝 인사이트

초판 1쇄 발행 2020년 10월 15일
초판 2쇄 발행 2021년 12월 1일

지은이 | 박선민
교정교열 | 정난진
펴낸이 | 이찬규
펴낸곳 | 북코리아
등록번호 | 제03-01240호
주소 | 13209 경기도 성남시 중원구 사기막골로 45번길 14
우림2차 A동 1007호
전화 | 02-704-7840
팩스 | 02-704-7848
이메일 | ibookorea@naver.com
홈페이지 | www.북코리아.kr
ISBN | 978-89-6324-722-9 (03680)

값 15,000원

콘텐츠
대전환
시대

케이팝 인사이트

박선민 지음

북코리아

머리말

케이팝, 시대를 읽다

시대를 가로질러 살아남는 문화는 언제나 강한 것이 아니라 유연한 것이었다. 변화의 시대일수록 적응력과 유연성, 시대를 꿰뚫는 통찰력은 필수불가결한 요소로 작용했으며 그에 적응하는 문화만이 살아남았다. 특히 대중을 상대로 한 음악은 소비를 전제로 하는 만큼 언제나 기술에 의해 변화했고, 시대의 이야기로 형성되었다. 기술적 변이를 통해 전달되는 환경 속에 대중은 끊임없이 감각적 충격과 변화를 경험하기 때문이다.

케이팝(K-pop, 한국의 대중음악)이 세계적으로 인기를 끌 수 있었던 이유는 디지털화로 인한 전 지구적 문화교류와 대중음악의 체계적인 콘텐츠화가 이루어졌기 때문이다. 특히 2000년대 이후 폭발적으로 늘어난 인터넷과 스마트폰의 발달은 대중의 감각과 인식을 새롭게 바꾸었으며, 그로 인해 음악 곳곳에 영향을 주었다. 케이팝 산업은 인터넷 확산을 통해 1차 빅뱅인 디지털 시대, 2차 빅뱅인 모바일 혁명의 스마트 시대를 거쳐 글로벌 플랫폼의 확산으로 대표되는 3차 빅뱅의 시대로 가고 있다. 유튜브, 아마존, 페이스북 등 글로벌 플랫폼들은 IoT, 증강현실, 가상현실, AI 등 다양한 첨단기술을 앞세워 전 세계 콘텐츠의 새로운 패러다임을 구축하고 있으며 케이팝 또한 아이돌 중심의 음악을 넘어 한국을 대표하는 음악, 글로벌 음악으로 끊임없이 살아 움직인다.

케이팝은 이제 20세기 음악과는 비교도 안 될 정도로 빠르게 변화하며 그 영향력을 발휘한다. 과거 '월드뮤직'으로 통칭되던 한국의 대중음악은 '케이팝'이라는 단어로 불리며 세계시장의 주류로 자리 잡았고, 불과 20년 전까지만 해도 상상하지 못했던 미국의 빌보드와 영국 UK차트에서 1위를 차지하며 전 세계 음악 열풍을 주도하고 있다.

이러한 케이팝 열풍은 1960년대 영국의 비틀스를 중심으로 한 세계적 음악 열풍인 '브리티시 인베이전(British invasion)'과 흡사하다. 비틀스, 킹크스, 롤링스톤스, 애니멀스, 데이브 클락 파이브 등과 같은 영국의 팝스타를 배출하며 진입하기 어려웠던 미국 음악시장을 휩쓸었고, 1960년대 로큰롤의 세계화를 이룬 바 있다.

그에 비해 세계를 주도한 케이팝 열풍(K-pop invasion)은 2000년대 초 동아시아에서 시작해 2010년대 '싸이(PSY)'를 기점으로 유럽, 남미 등으로 확대되었고 최근에는 방탄소년단(BTS, 이하 BTS)을 중심으로 세계 음악시장의 주류가 되었다. 2020년 BTS의 〈다이너마이트(Dynamite)〉 뮤직비디오는 공개 하루 만에 1억 뷰를 찍으며 24시간 내 최다 조회 수를 기록한 데 이어 빌보드 메인 싱글차트 '핫 100(Hot 100)'에 2주 연속 1위에 오르면서 글로벌 가수로서의 위력을 보여주었다. 이러한 케이팝의 인기는 뮤직비디오 공개 첫날 기네스 5개 부문에 신기록을 세운 블랙핑크나 NCT

127, 슈퍼엠으로 그 인기를 이어가고 있다. 이제 세계 어디서든 케이팝 팬을 발견할 수 있고, 케이팝에 맞춰 춤을 추는 이들을 볼 수 있다. 특히 케이팝이 글로벌 10~20대에게 '힙'한 문화로 자리 잡았다는 사실은 이들이 기성세대가 될 20년 후까지도 내다볼 수 있는 긍정적 영향력이다.

이처럼 한국의 케이팝은 1990년대 후반부터 이어진 음악의 대전환을 통해 이루어졌다. 케이팝을 관통한 변화는 콘텐츠 중심으로의 전환, 수용자 중심으로의 전환, 새로운 매체로의 전환, 디지털 시대로의 전환이라는 네 가지로 요약할 수 있다.

사실 이러한 시도는 문화 산업 곳곳에서 일어났다. 그러나 빠르게 변화하는 환경에서 시대가 원하는 콘텐츠를 어떻게 발생시킬 것인가에 대한 고민은 많은 시행착오만큼 천차만별의 결과로 나타났다. 그렇다면 과연 케이팝은 어떤 변화를 통해 새로운 패러다임을 탄생시켰는가?

이 책은 케이팝을 세계적인 음악 열풍으로 탄생시킨 21세기 네 가지 대전환을 통해 대중의 감각과 인식이 어떻게 변했으며, 음악의 생산 · 소비 · 유통이 어떻게 바뀌었는지 살펴보고자 한다. 또한 디지털 기술과 인공지능, 빅데이터를 통해 끊임없이 변화하는 21세기 초, 대중음악의 가사와 음악, 산업에 나타난 케이팝의 패러다임은 무엇인지 알아보고자 한다.

케이팝은 끊임없이 살아 움직이며 변화한다. 전 세계 문화암흑사인 코로나19 이후 케이팝은 위기를 또 하나의 기회로 삼아 세계를 온라인을 통해 연결하는 온택트(ontact) 공연의 선두주자가 되었다. 2020년 BTS의 온택트 공연인 '방방콘'은 75만 명의 세계인이 동시에 접속하면서 온라인 공연의 새로운 비즈니스 모델을 제시했고, 수익 또한 220억 원으로 기네스 신기록을 세우며 기술과 예술의 조합을 통한 대중성을 입증했다. 또한 SM과 JYP는 온라인 공연 합작회사를, 빅히트엔터테인먼트는 온라인 플랫폼 '위버스'를 설립해 음악시장의 새로운 가능성을 모색하고 있다.

수용자 권력 시대

21세기의 대중은 아날로그 시대에 볼 수 없었던 가상공간을 통해 모든 것을 유통하고 경험한다. 아침에 눈을 떠서 잠들 때까지 끊임없이 정보를 생산하며 스마트폰을 이용해 뉴스를 검색한다. 전화 대신 카톡과 SNS를 통해 서로의 안부를 묻고, 네트워크 안에서 하루에도 수십 명의 새 친구를 만든다. 이러한 디지털 기술의 편리를 직접 체험한 대중은 과거와는 완전히 다른 감각과 인식을 가진다. 더욱 빠른 정보의 고속화를 선호하게 되었으며, 쌍방향의 네트워크 경험을 통해 일방적인 수용자와는 차별화된 모습을 갖게 되었다.

이것은 케이팝에서도 동일하게 나타난다. 달라진 대중은 과거 음악을 듣기만 했던 모습에서 직접 스마트폰을 이용해 음악을 검색하고 다운받아 커뮤니티에 올리는 모습을 연출한다. 자신이 원하는 음악을 듣기 위해서는 음반을 사거나 텔레비전에서 그 음악이 나올 때까지 무작정 기다려야 했던 아날로그 시대와 달리 디지털 시대는 인터넷을 통해 모든 음악을 무료로 검색할 수 있게 되었고, 들을 수 있으며, 전 세계 인구가 동시에 음악을 접속할 수 있게 되었다. 인터넷PC나 스마트폰 자체가 검색하고 클릭해서 음악을 찾는 구조로 되어 있다는 점도 수용자의 능동적인 역할을 요구한다.

이러한 대중의 변화는 단순히 케이팝의 접근성을 넘어 산업의 변화와 음악 수용의 방식, 음악 자체의 변화를 가져왔다. 왜냐하면 대중문화의 특성상 음악 또한 라디오, TV, 인터넷, 모바일 등과 같이 달라지는 기술 환경 속에서 스스로 대중의 감각에 맞추고자 하기 때문이다. 케이팝은 이러한 환경 변화에 충실했고, 수용자 중심의 대전환을 통해 글로벌 콘텐츠로 자리매김하게 된다.

21세기는 한마디로 수용자 권력 시대다. 가수를 일방적으로 좋아하고 소비했던 시대는 가고 수용자가 직접 마케팅하고 스스로 팬덤을 만들어서 가수를 키우는 세상이 현대의 모습이다. BTS의 팬클럽 아미는 단순히 BTS의 노래를 좋아하는 것만이 아니라 직접 그들의 노래와 영상을 SNS를 통해 나르고, 홍보하고, 제2의 생산물을 만들어내는 프로슈머로 존재한다. 디지털의 힘으로 가능하게 된 대중의 파워가 이제는 방송국, 정치, 기업을 넘어 하나의 권력으로 존재하는 시대가 되었다.

이처럼 문화란 한 번 형성되면 변하지 않는 화석 같은 것이 아니라 끊임없이 변화한다. 그중에서도 대중문화는 다수의 대중을 대상으로 하는 문화인만큼 그 자체로 존재하지 않으며 시대적 상황과 경제, 사회, 문화 등 다양한 외부의 영향을 받는다. 국가의 개입, 자본의 개입, 새로운 테크놀로지의 개입, 사회 현상의 개입, 대중문화계의 새로운 플레이어 등장 같은 외부요인이 대중문화에 다양한 영향을 줄 수 있다.

그중에서도 개인에게 미치는 테크놀로지의 영향은 그 어느 때보다 대중음악에 지대한 영향을 미친다. 그런 만큼 대중의 감각과 인식이 기술의 영향 속에서 어떻게 변화했으며, 그것이 어떤 식으로 케이팝에 영향을 주는지 그 요소를 가늠해보는 것은 매우 의미 있을 것이다.

책의 구성

이 책은 케이팝이 어떻게 세계적인 문화 열풍으로 자리 잡게 되었는지 그 요인을 크게 네 가지 전환점으로 분석했다. 또한 디지털 기술과 상호 영향을 준 음악 요인 가운데 가장 특징적인 것을 추출하여 4차 산업혁명 시대 이후 달라진 케이팝의 새로운 패러다임을 추출하고자 한다.

제1장 '콘텐츠 중심으로의 대전환'에서는 케이팝이 단순한 음악을 넘어 어떻게 하나의 콘텐츠로 자리 잡았는지 살펴본다. 시스템화된 콘텐츠의 중요성과 이를 통해 변화한 것은 무엇인지, 대중음악과 대중음악 콘텐츠는 어떻게 다르며 대중음악 콘텐츠의 경제적 특징은 무엇인지 알아보았다.

제2장 '수용자 중심으로의 대전환'은 21세기 케이팝의 가장 큰 변화의 요인이 된 음악 수용자에 관한 내용이다. 21세기 대중문화 전반에 나타난 두드러진 특징은 디지털 기술이 수용자의 능동적 선택과 실천을 가능하게 했다는 데 있다. 이를 통한 수용자의 변화는 무엇이며, 그들의 감각과 특징은 어떻게 달라졌는지 알아보았다.

제3장 '새로운 매체로의 대전환'에서는 스마트폰 중심의 전환을 통해 케이팝이 변화한 것은 무엇인지 살펴보았다. 시대에 따라 대중음악이 매체의 변화에 어떻게 적응했으며, 음악과 매체의 관계는 무엇인지 알아보았다. 또한 축음기, 라디오, 텔레비전, PC와 스마트폰 등 매체에 따라 달라진 수용자의 감각 변화와 이에 따라 케이팝이 어떻게 변화하는지 세밀히 살펴보았다.

제4장 '디지털 시대로의 대전환'에서는 케이팝과 디지털에 대해 살펴보았다. 케이팝이 사회 전반에 나타난 디지털 전환을 어떤 식으로 내재화하고 수용했는지 알아본다. 디지털 기술은 과연 무엇이며 디지털의 대표적 매체인 PC와 모바일, 그리고 디지털 기술과 그 뒤를 잇는 기술적 변화가 사회에 미치는 영향을 살펴보았다.

제5장에서는 2000년 이후 케이팝 산업에서 달라진 생산의 변화를 알아보았다. 디지털화와 다양한 기술의 변화로 음악의 모드와 형태는 어떻게 달라졌으며 악곡의 형식, 가사의 변화, 작곡의 방식 등은 어떤 영향을 받았는지 살펴보았다.

제6장에서는 2000년 이후 케이팝 산업에서 음악소비의 패턴이 어떻게 변화했는지 알아보았다. 서서히 변화한 케이팝의 소비가 20세기와는 어떻게 다른지, 달라진 대중의 음악소비 패턴과 그로 인한 산업의 흐름을 살펴보았다.

제7장에서는 케이팝 산업 가운데 가장 급변한 유통의 세계를 알아보았다. 음악 산업에서 유통의 중요성이 더욱 커지면서 음악과 영상의 일체화, 음악의 융합화, 유통과 기술의 만남, 유통구조를 둘러싼 다양한 논쟁에 이르기까지 지금도 끊임없이 변화하고 있는 분야인 만큼 현실을 그

대로 보고자 했다.

책을 쓰기까지 꽤 많은 시간이 흘렀다. 먼저 함께하신 하나님께 감사를 올린다. 이 책이 나오기까지 끊임없이 응원해준 남편, 고마운 아들 영원이, 사랑하는 가족 모두에게 감사를 드린다. 또한 진정한 스승이신 고려대학교 선정규 교수님, 조언을 아끼지 않으신 장 박사님, 그리고 이 책이 세상에 나올 수 있도록 도와주신 북코리아 이찬규 대표님께 애정 어린 감사를 전한다. 특히 바쁜 딸을 아낌없이 도와주고 지지해주신 나의 어머니 공숙자 여사님께 이 모든 영광을 돌린다.

2020년 9월

저자 박선민

CONTENTS

CONTENTS

CONTENTS

I

콘텐츠 중심으로의 대전환

케이팝이 세계적인 문화 열풍으로 자리 잡을 수 있었던 이유는 단순한 대중음악을 넘어 콘텐츠로서 기획과 제작, 마케팅, 상품으로 이어지는 전략적 시스템을 구축했기 때문이다. 이러한 콘텐츠 중심으로의 대전환은 글로벌 시장에서 더욱 체계적인 시스템으로 세계적인 가수들과 경쟁할 토대가 되었다.

1.
음악에서 콘텐츠로, 케이팝의 변화

20세기 중반 녹음기술의 도입 이후 생겨난 대중음악은 음반사에서 기획사, 종합 엔터테인먼트사 중심으로 변화를 거듭해왔다. BTS를 글로벌 최고의 그룹으로 탄생시킨 기획사 빅히트엔터테인먼트는 2020년 8월 상반기 실적을 잠정집계한 결과 매출 2,940억 원, 영업이익 497억 원을 기록했다고 밝혔다. 이러한 6개월의 기록은 영세한 기획사를 넘어 세계적인 그룹으로 발돋움한 빅히트의 가치를 입증한 자료다. 이제 엔터테인먼트사는 한국을 이끌어가는 기업으로 그 존재를 과시한다. 케이팝은 이러한 엔터테인먼트사의 지휘하에 철저히 기획 · 제작되며, 글로벌 시장에서 하나의 상품으로서 존재한다.

한국의 대중음악은 이러한 전략적인 시스템과 콘텐츠로 발돋움하기 이전과 이후로 나눌 수 있다. 그 기준점은 SM엔터테인먼트(이하 SM)로, 대

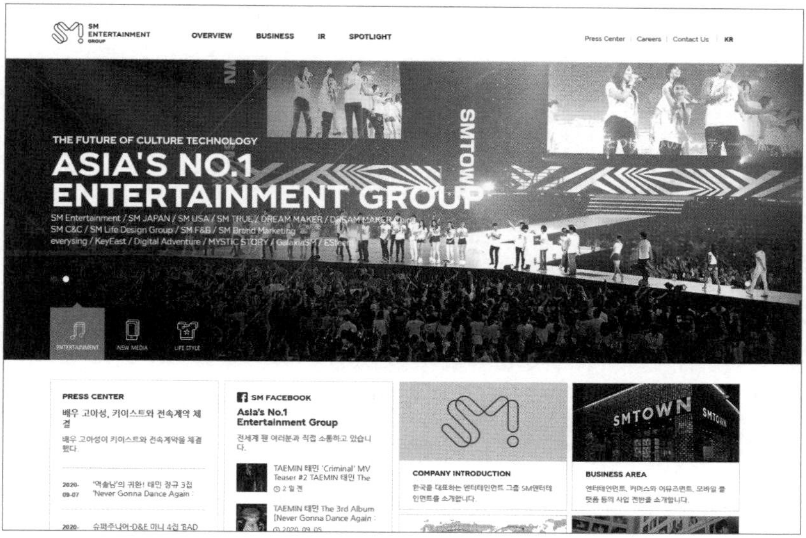

중음악은 1995년 드디어 체계적인 시스템을 통한 콘텐츠로 대전환을 이룬다. SM은 기존의 주먹구구식 운영과 가수에게 의존하던 엔터테인먼트 업계에 콘텐츠를 중심으로 한 매니지먼트 시스템을 도입하여 정착시켰다. 이는 대중음악에서 케이팝으로 변화한 중요한 계기가 되었으며, 세계적인 음악으로 발돋움할 토대가 되었다.

과거에도 대중음악은 음반이라는 상품을 통해 유통된다는 점에서 기획이 존재했다. 그러나 그것은 철저히 음반과 콘서트, 가수를 관리하는 측면의 음악 부분이었다.

SM은 가장 먼저 체계적인 캐스팅, 트레이닝, 프로듀싱 및 매니지먼트 시스템을 도입했다. 가수의 재능에 의존하는 것이 아니라 음악을 원소스로 인식하고 기획 단계에서부터 콘텐츠화하는 원소스 멀티유스(OSMU) 전략을 세운 것이다. 또한 SM은 전 세계 작곡가의 노래를 수집해 어울리는 가수에게 연결하는 A&R(Artist & Repertoire) 시스템을 한국에 처음 도입하여 비주얼 디렉터나 퍼포먼스 디렉터라는 직함을 창출했다. 분업화 · 조직화가 이뤄지지 않은 기획사들이 대부분이던 20세기, SM은 음악을 콘텐츠로서 확장했으며 이를 통해 케이팝 열풍을 선도했다.

이렇듯 SM엔터테인먼트는 20세기 후반 대다수 기획사의 제작 패턴을 따르지 않았다. 그 대신 철저한 기획을 토대로 가수의 섭외부터 제작에 이르기까지 하나의 시스템으로 관리했으며, 콘텐츠 전략을 통해 가수와 관련된 모든 활동과 산업을 체계화시켰다.

특히 가수 시스템에 맞춘 분업화와 전문화는 눈에 띄는 지점이다. 즉, 실력을 갖춘 가수를 배출하기 위해 분야별로 전문가를 배치하는 시스템을 구축했다. 시장의 트렌드를 분석해 콘셉트와 비주얼 이미지 등을 만들어내는 제작기획팀, 가수 및 연기자를 발굴하는 캐스팅팀, 발굴된 가수를 훈련시키는 트레이닝팀, 가수에게 맞는 음악을 선택해 음반이 나오기까지 녹음 등 음악작업을 총괄하는 A&R팀, 그 외에도 영업을 담당하는 마케팅팀, 홍보팀, 에이전시팀 등 각 단계별로 분리 · 운영함으로써 체계적이고 효율적인 시스템을 구축했다.

다음은 SM엔터테인먼트사의 영향을 받아 나타난 현재의 엔터테인먼트사 조직구도다.

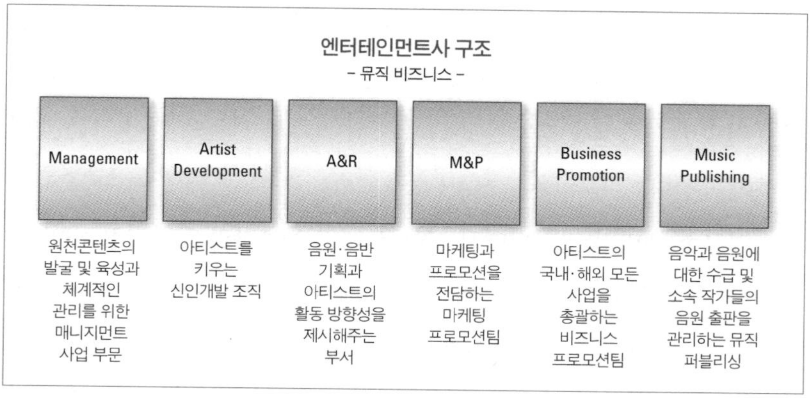

〈그림 1〉 엔터테인먼트사 구조

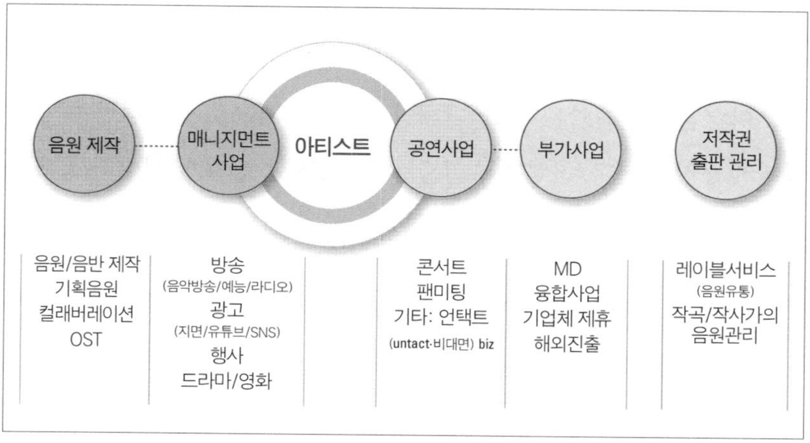

〈그림 2〉 엔터테인먼트사의 육성 시스템

케이팝 가수들은 이러한 전문가 그룹의 영향 아래 철저히 만들어진다. 특히 이들은 비주얼 디렉터의 관리하에 10대들이 좋아할 만한 외모, 이미지, 노래 스타일 등을 추출한 후 그에 맞는 캐릭터와 음악 스타일을

정한다. 그 후 공개오디션을 통해 새로 제작하는 그룹 이미지에 걸맞은 인물을 선발한다. SM 같은 대형 연예기획사의 경우 자신들의 아카데미에서 선발한 연습생을 장기간 훈련시킨 뒤 적합한 인물을 뽑아 그룹에 배치하기도 한다.

결성할 멤버가 결정되면서 이들은 대략 2~3년의 준비기간 동안 안무, 가창, 랩, 무대 매너, 연기, 어학 등 체계적인 일정에 따라 데뷔를 준비하고 연예기획사의 프로그램에 따라 홍보와 프로모션 등을 진행하게 된다. 특히 2000년 이후 유튜브나 페이스북 같은 소셜 미디어 중심의 미디어 환경과 글로벌한 문화가 대중화되면서 소속 기획사의 일관된 이미지 메이킹과 전략적인 스토리텔링은 인기의 주요한 요인으로 작용하게 되었다.

이처럼 대중음악은 SM엔터테인먼트를 시작으로 전략적인 콘텐츠화에 성공하게 된다. 콘텐츠 중심으로의 대전환은 글로벌 시장에서 케이팝 열풍을 일으키는 성공열쇠가 되었다.

2. 케이팝과 콘텐츠

케이팝(K-pop)은 아이돌팝으로 대표되는 한국의 대중음악을 뜻한다. 케이팝은 2000년대 이후의 한국 댄스음악을 일컫는 말로 불렸으나, 점차 한국의 모든 대중음악을 통칭하는 말로 사용되고 있다.

케이팝은 단순한 음악을 넘어 하나의 소스를 가지고 다양한 분야에 활용해서 고부가가치를 얻는다(OSMU: one source multi-use)는 점에서 콘텐츠이며, 대중을 상대로 유통하는 산업을 빼놓을 수 없다는 점에서 콘텐츠 산업의 성격을 띤다. 케이팝의 경우 음악을 넘어 콘텐츠 산업의 성격이 강하며, 이러한 양상이 음악의 생산 · 소비 · 유통 전반에 뚜렷하게 나타난다.

예를 들어 〈그림 3〉에 나타난 바와 같이 BTS가 그들의 음악과 멤버들을 하나의 원소스로 인식하고 이것을 콘서트, 출판, 게임, 드라마, 영화, 캐릭터, 전시 등의 분야로 활용하는 것을 들 수 있다.

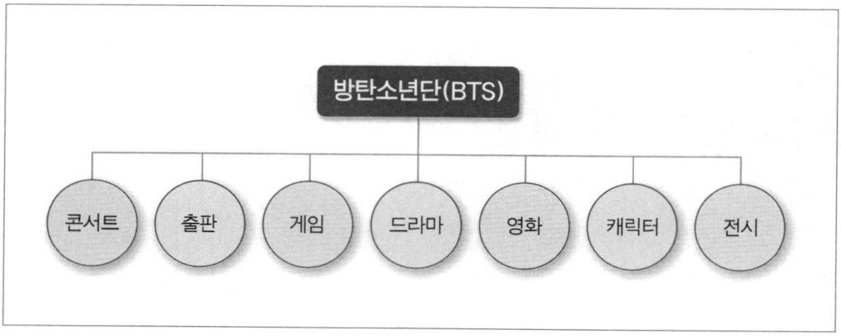

〈그림 3〉 케이팝의 OSMU 사례

케이팝을 이해하려면 우선 문화와 문화콘텐츠, 문화콘텐츠 산업과의 관계에 대해 확실히 이해할 필요가 있다. 현재 문화콘텐츠가 주목받으면서 이와 관련된 개념이 혼선을 보이거나 뒤섞여서 논의되고 있는 경우가 많기 때문이다. 이것은 비슷한 특성을 나타내기도 하지만, 근본적인 차이를 보인다는 점에서 명확한 이해가 필요하다.

문화의 시대인 21세기는 창의력이 강조된다. 그러나 본질적으로 문화는 창조적이지 않다. 오히려 문화는 보수적인 색채가 강하다. 문화는 어떠한 집단의 응집과 세월의 농축으로 만들어진 것이어서 변화가 더디고 능동적이기 어려운 측면을 안고 있다.

그럼에도 문화와 창의력의 조화가 낯설지 않게 여겨지는 가장 큰 이유는 문화 산업, 즉 문화콘텐츠 산업의 영향 때문이다. 산업은 이익을 기본으로 존재하며 끊임없이 소비자를 파고들어 새로운 소비를 창출해야 한다. 이것이 창조의 핵심이다. 콘텐츠가 상상력을 강조하고 창조적으로 보이는 이유는 산업적 성격에서 비롯된다. 문화는 보수적이나 산업과의 만남에서 창조가 강조된다. 이처럼 문화콘텐츠는 문화와 산업의 성격을 동시에 가지고 있다. 문화콘텐츠는 문화에 비해 실용적이며 문화를 재구성해 창의력을 담보한다는 측면에서 문화와는 차별점을 가진다.

〈표 1〉 문화와 문화콘텐츠, 문화콘텐츠 산업의 차이점

문화	장인정신 / 예술정신 / 학자정신	보수적, 학술적
문화콘텐츠	실용정신 / 변용을 통한 재구성 / 창의력	진보적, 파괴적
문화콘텐츠 산업	경영 마인드, 포장능력, 자본력	철저한 이익추구

이처럼 콘텐츠란 사전 그대로 '내용물'이라는 뜻으로, 쉽게 말해서 각종 대중매체에 담긴 내용물을 말한다. 예를 들어 방송이나 영화, 공연, 게임 등에 들어 있는 각종 작품들이 그것이다. 그러므로 콘텐츠에는 예술성과 상업성이 담보되어 있으며, 특히 번뜩이는 아이디어와 재미있는 이야기로 사람들의 마음을 움직일 수 있어야 한다. 이러한 콘텐츠는 현대에만 존재한 것이 아니라 인류 역사상 계속 있었던 것이지만 21세기 디지털 시대가 되면서 무한한 복제와 변형, 전송이 가능한 '활용 가능한 내용물'이라는 의미로 변화되었다.

문화 산업 혹은 문화콘텐츠 산업이란 한마디로 "문화상품을 기획 · 개발 · 제작 · 판매하는 등 문화와 관련된 일련의 산업들"을 의미한다, 문화 산업은 주로 아날로그 시대에 쓰던 용어이며, 문화콘텐츠 산업은 디지털 시대에 들어와 주로 쓰는 용어라 볼 수 있다. 과거 아날로그 시대의 문화 산업은 출판이면 출판, 영화면 영화, 공연이면 공연 등 각각의 매체가 따로 움직였다. 그러나 디지털 시대의 콘텐츠는 서로 독립적으로 존재하

는 것이 아니라 하나의 거대한 구조를 이룬 유기체적 성격을 띠고 있다. 예를 들어 드라마 〈대장금〉의 경우 한 편의 드라마가 성공하자 거기에 삽입된 OST를 음반으로 출시하고, 캐릭터를 활용하여 각종 기념품을 발매하며, 촬영지나 세트장을 관광지로 개발했다. 또 드라마를 해외로 수출함은 물론, 나아가 그 내용을 토대로 소설, 동화, 만화로 출간하거나 애니메이션, 게임, 뮤지컬 등으로 제작하기도 했다. 이처럼 디지털 시대 이후 모든 콘텐츠는 서로 유기적으로 연결되어 있는 '통합성'을 띠고 있다.

3.
케이팝의 경제적 특징

대중음악은 예술성과 상업성을 동시에 내포하므로 철저히 산업의 지배를 받는다. 상품화된 음악은 그 역시 상품인 까닭에 다른 공산품처럼 경제원칙의 지배를 받으며, 최소의 비용으로 최대의 이윤을 얻어야 한다는 경제원칙이 적용된다. 이러한 경제원칙은 대중음악의 본질로, 매체와 긴밀하게 연결되어 있음을 증명한다.

2019년 케이팝을 중심으로 한 콘텐츠 산업의 매출액은 125조 원, 수출 견인효과는 30조 원에 이르면서 케이팝은 어느새 한국의 중요한 산업자산이자 글로벌 현상이 되고 있다. 이렇듯 예술인 동시에 산업인 대중음악은 시장을 통해 생산자와 소비자 사이에서 거래된다. 물론 그사이에 유통, 배급이라는 요소가 있기는 하지만, 결국 모든 것이 시장을 통해 형성된다. 그러나 대중음악이라는 독특한 성격 탓에 일반 상품과는 다른 특징들을 보이기도 한다.

1) 소비의 짧은 수명주기

케이팝은 대부분 단 한 번의 소비로 그 상품에 대한 소비자 개개인의 수요가 급격히 줄어든다. 과거에는 하나의 음악이 인기를 끌면 소비자의 기호나 취향에 따라 연속적으로 수요가 일어나는 경우도 많았지만, 최근 대부분의 케이팝은 단 한 번의 인기로 수요가 종결되거나 미미한 정도로 남게 된다. 현대로 올수록 케이팝의 수명주기는 점점 짧아져 음악시장에서의 성공 결과는 다른 소비재와 달리 단시간에 판명된다.

이렇게 상품수명이 짧은 이유는 한 번 음악을 구매한 고객은 일단 그 제품에 대한 욕구를 충족시킨 후에는 재구매하지 않는다는 데 있다. 케이팝의 소비자는 최신 상품을 추구하므로 유행이 지나면 대부분 판매되지 않는다. 이들은 다른 곡이 나올 때까지 지속적으로 새로운 것을 요구하므로 기존 제품은 지속적으로 높은 평가를 받지 못한다. 이러한 수명의 단기성은 초기 집중형 판매를 더욱 가속화시킨다.

특히 유튜브를 통해 '무료'로 음악을 들을 수 있는 디지털 시대의 경우 음반이나 음원을 구입하지 않아도 되는 점 때문에 케이팝은 과거에 비해 음악시장 변화에 따라 쉽게 듣고 쉽게 잊히게 되었다. 이러한 현상은 과거 트로트의 경우 한 곡의 인기수명이 1년에서 길게는 10년을 전후한 것과 달리 2000년 이후 인기곡의 경우 한 곡이 2~4주를 넘지 못하는 등 수명 자체가 눈에 띄게 짧아진 것으로 나타난다.

2) 수요의 불확실성

자본주의 체제하에서는 어떠한 상품이든 시장 수요를 예측하고 대처하는 데 어려움이 따른다. 그중에서도 대중음악 같은 문화상품의 수요 예측은 더더욱 어렵다. 음악 같은 문화상품의 소비자는 경제학에서 말하는 합리적으로 계산하고 행동하는 '합리적 소비자'와는 거리가 멀기 때문이다. 이러한 문화상품은 대부분 단순한 경제적 가치를 지닌 상품으로 소비되는 것이 아니라 문화적 가치, 소비자의 기호와 취향, 유행과 네트워킹 등 다양한 요소를 통해 소비된다. 즉, '필요'해서 사기보다는 '좋아서' 사는 제품이라는 점이다. 니즈(needs)가 아닌 원츠(wants)의 대표적 콘텐츠인 대중음악 생산자는 필요나 효용보다는 트렌드 및 외부요인에 의한 소비자의 변화에 민감하다.

케이팝의 이러한 경제적 특성은 생산자가 철저히 소비자의 기호에 맞추고자 하는 이유가 된다. 또한 이러한 불확실성으로 인해 생산자는 최종 생산에 이르기 전 기획단계에서 포기하기도 하며, 수요에 따라 시장 진입과 퇴출을 반복한다.

3) 규모의 경제

'규모의 경제'란 생산량이 증가할수록 평균비용이 감소하는 현상을 말한다. 케이팝의 경우 초기에는 제작비용이 많이 들지만, 한 번 제작되면 추가적인 생산을 위한 복제비용은 거의 들지 않고 윈도 효과나 OSMU에 의해 확대 생산되는 경우 오히려 평균비용이 감소하는 특성을 보인다. 실제로 음원으로 버는 수익보다 굿즈나 캐릭터 같은 관련 상품, 컬러링이나 벨소리 같은 부가상품, 콘서트, 광고, 영화 등에서 나오는 OSMU 수익이 훨씬 높다.

케이팝의 경우 높은 초기 제작비용과 매출의 불확실성으로 인해 제작사의 참여, 퇴출이 반복되기 쉽다. 안정적으로 음악 상품을 생산하기 위해서는 장기 기획이 가능한 투자자본을 확보할 수 있어야 하고, 많은 마케팅비를 지출하여 단기간에 집중적인 매출을 올릴 수 있는 대기업에 유리하다. 그러나 2000년 이후 유튜브 같은 다양한 매체가 늘어남에 따라 SNS를 활용한 소규모 기획사의 마케팅 방식 또한 폭이 넓어졌다.

4) 고위험-고수익 산업

케이팝은 매몰비용이 큰 대표적인 고위험-고수익 산업이다. 일반 제조업에 비해 눈에 보이는 실물 자본재가 아닌 프로젝트 산업이어서 기획, 인건비, 배급, 유통, 홍보 등 여러 단계에서 소비적인 비용이 많이 들어간다. 이러한 이유로 일반적으로 제작비용이 높으며 흥행에 성공하면 높은 고수익이 보장되지만, 실패하면 투자된 비용이 전부 소비되므로 투자자 입장에서는 큰 위험을 감수해야 한다. 심지어 제작비용이 많이 들어갔지만 제작단계에서 완성되지 못하여 프로젝트가 무산되는 경우도 있다. 2000년 이전의 경우 인기를 얻지 못한 대중음악 콘텐츠가 다른 매체 전환을 통해 비용을 회수한 경우는 많지 않다. 그러나 최근에는 인기를 끌지 못한 음악이라도 컬러링이나 벨소리 등과 같은 다른 매체 전환을 통해 인기를 끄는 경우가 종종 발견된다. '편안함', '경쾌함', '세련된 음색' 등 1분여의 짧은 길이가 컬러링의 매력을 잘 살려 원곡과는 다른 요소로 인기몰이를 하는 경우다.

Ⅱ 수용자 중심으로의 대전환

1. 수용자 중심에 따른 케이팝의 변화
2. 21세기 수용자의 감각과 특징

21세기 대중음악 전반에 나타난 두드러진 특징은 디지털 기술이 대중의 능동적 선택과 실천을 가능하게 한다는 데 있다. 디지털화는 이제까지 생각하지 못한 음악에 대한 감각과 인식을 바꾸어놓았으며, 팬들의 능동적 사고를 가능하게 하는 환경을 제공했다.

케이팝은 이러한 수용자의 능동성을 전면적으로 받아들이고 내재화했다. 일방적으로 듣는 음악이 아니라 팬들이 문자와 음성, 화상, 동영상 정보를 필요에 따라 손쉽게 가공하여 이용할 수 있는 수용자 중심의 음악으로 전환했다. 또한 팬과의 수평적 관계를 통해 대중음악을 상호소통의 문화로 전환시켰다.

1. 수용자 중심에 따른 케이팝의 변화

21세기 대중문화에서 가장 큰 변화를 꼽는다면 단연 수용자, 즉 대중의 지위 변화다. 20세기까지 대중의 지위란 문화를 일방적으로 받아들이고 소비하는 데 그쳤다. 특히 음악의 경우 자신이 좋아하는 음악을 듣기 위해 돈을 지불하고 CD 또는 MP3를 사거나 미디어에서 나오기만을 기다렸던 것이 일반적인 음악소비 패턴이었다. 그러나 한국의 경우 디지털의 발달과 함께 1인 1스마트폰이 상용화되면서 이러한 문화의 소비는 대변혁을 겪게 된다.

이제 수용자는 더 이상 무조건적인 소비를 원하지 않는다. 스마트폰을 통해 음악을 찾아 듣고 그 음악에 대한 피드백을 남긴다. 가수들의 음악을 좋아하는 것을 넘어 가수들을 키우고 자신들의 결정이 지대한 영향을 끼치기를 원한다. 팬들의 마음은 과거에도 같았으나, 이것을 가능하게 한 것이 바로 디지털 기술의 영향이다.

수용자는 20세기와 달리 원하는 시간에 미디어를 선택적으로 수용할 수 있게 되었으며, 필요에 따라 손쉽게 가공하고 전환하여 이용할 수 있게 되었다. 개인은 더 이상 수동적인 수용자에 머물지 않으며, 자신의 목적에 따라 미디어를 조작하고 이용하는 향유자의 지위를 갖는다. 대중음악의 수용자는 이러한 행동을 가능하게 하는 기술 환경 속에서 더욱 넓어진 인식과 향유방식을 갖게 된다.

수용자는 이제 단순한 피드백을 넘어 마음에 드는 음악을 발견하면 SNS를 통해 주변사람들에게 알리고 홍보한다. 그 대표적 예인 BTS의 팬클럽 아미는 BTS의 음악을 듣고 SNS에 올라온 그들의 이야기를 퍼 나른다. 또한 그들 스스로 전 세계에 BTS의 이야기와 영상, 뉴스를 다양한 언어로 번역하고 앨범에 나타난 스토리텔링을 응용해 2차 콘텐츠로 확장한다. 아미들은 유튜브 스트리밍, 위키피디아, 각종 순위 투표, 리트윗과 해시태그 등 빌보드 차트와 순위 선정에 반영되는 모든 활동은 수시로 체크하고 독려한다. 팬들은 자유로운 패러디를 통해 밈 영상을 만들고 유튜브를 통해 소비한다. 이러한 스토리텔링 전략의 핵심은 과거 세대처럼 기획사가 만들어내는 콘텐츠를 단순 소비하는 것이 아니라 팬들 스스로 생산자와 제작자의 역할을 하며 재미와 몰입도를 상승시키고 그룹에 대한 충성도를 높이는 데 있다.

디지털이 바꾼 팬 문화

21세기 대중문화 전반에 나타난 두드러진 특징은 디지털 기술이 대중의 능동적 선택과 실천을 가능하게 한다는 데 있다. 멀티미디어화된 디지털 기술 환경은 이제까지 생각하지 못했던 음악에 대한 감각과 인식을 바꾸어놓았으며, 팬들의 능동적 사고를 가능하게 하는 환경을 제공했다. 수용자의 능동성을 강조한 문화 연구자 존 피스크(John Fiske)는 "대중문화가 문화 산업에 의해 생산되는 것이 아니라 대중에 의해 만들어진다"라고 말한다. 이러한 수용자의 능동성을 가능케 한 음악의 디지털화는 팬들이 문자와 음성, 화상, 동영상 정보를 필요에 따라 손쉽게 가공하고 전환

하여 이용할 수 있게 했으며, 이제까지 전혀 생각하지 못했던 음악의 위치와 방식을 새롭게 정립하는 계기를 만들었다.

특히 케이팝 팬들은 대중음악에서 상호작용적인 역할을 통해 능동적 프로슈머로서 자리 잡았다. 디지털 기술의 발전과 함께 변화한 팬들은 미디어 메시지의 일방적인 소비자가 아닌 미디어 사용자로서의 위상을 갖게 된다.

과거의 CD나 LP와 달리 케이팝 수용자, 즉 팬들은 기존의 '음악 듣기'라는 단일한 행위를 '검색' · '다운로드'하고, 관련 소프트웨어를 '설치' · '작동'시키며, 소프트웨어로 음악을 '실행'시키는 과정을 통해서야 음악을 들을 수 있게 되었다. 나아가 능동적 팬들의 경우 일상적으로 음악 파일을 복제하고 재생산해 유통한다. 20세기의 능동적 수용자가 미디어의 메시지를 해석하는 데 중점을 두었다면, 21세기 이후의 수용자는 해석을 넘어 자신이 직접 콘텐츠를 생산해 그것을 직접 공유 · 유통시키는 적극적인 생산자 역할을 겸한다는 점에서 과거와는 차이를 보인다.

이처럼 팬들의 능동적이고 적극적인 수용 형태는 곧 이들의 지위 변화와 맥을 같이한다. 케이팝은 점차적으로 가수와 팬과의 수평적 문화를 형성했으며, 수용자 중심의 문화로 탈바꿈해갔다. 그 결과, 동시적 문화 소비와 시공간을 넘어선 세계화, 수평적 관계, 이 모든 것이 하나로 응집된 것이 바로 케이팝의 팬 문화다.

2.
21세기 수용자의 감각과 특징

전 세계적으로 케이팝에 열광한 이들은 21세기 초 대중음악을 이끄는 주 향유자이자 'Z세대'로 불리는 10대에서 20대 사이의 청소년이다. 이들은 1995년 이후에 태어난 청소년 세대로, 컴퓨터 시대에 태어나 디지털 테크놀로지와 함께 자라난 세대를 말한다. 이들은 가상공간의 네트워크를 자유롭게 이용하고, SNS를 통해 많은 정보와 인간관계를 확장하며, 디지털 기술을 자신에게 맞게 활용하는 디지털 네이티브 세대다.

디지털 시대의 주 향유층인 이들은 컴퓨터가 없는 세계를 한 번도 경험하지 않은 세대로 자신이 속한 페이스북, 트위터, 인스타그램, 텀블러 등 소셜 미디어의 커뮤니티를 통해 대부분의 뉴스와 소식을 접한다. 온라인상에서 영향력을 형성함으로써 자신의 존재를 증명하고, 소셜 미디어를 통해 다른 사람과 연결됐을 때 삶이 풍부해진다고 느끼며, 디지털 세계에서 사람들과의 관계를 만들고 의견을 나누면서 자신의 아이덴티티를 형성한다.

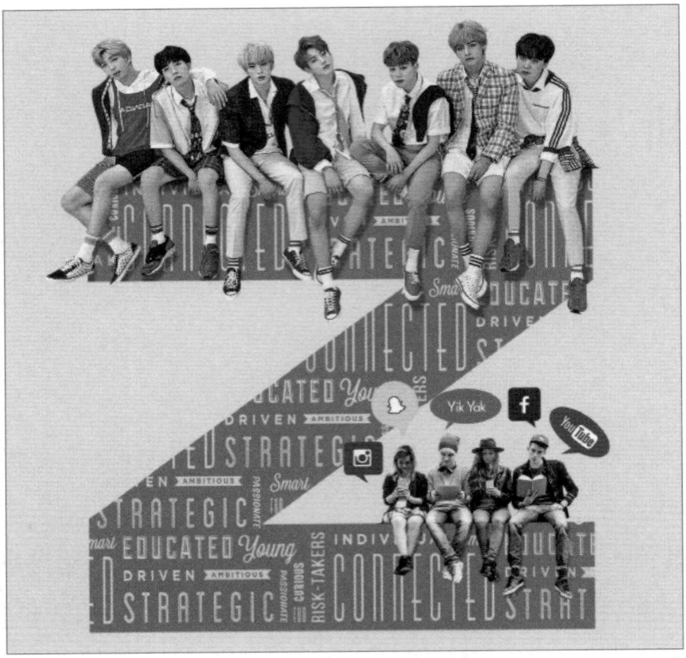

더욱 편리해진 디지털 시대의 주 향유층인 이들은 이전 시대에 비해 기술을 활용하는 능력이 뛰어나며, 네트워크를 중심으로 살아온 만큼 연결과 접속에 익숙하다. 음악 또한 자신을 표현하는 수단으로 활용하며 남들과의 차이를 강조한다.

케이팝의 생산자들은 최대의 이윤을 끌어내고자 이러한 주 향유층의 감각과 인식을 읽어내려고 노력하며, 그들의 변화된 취향에 끊임없이 촉각을 세운다. 생산자들에 의해 기획된 음악이라 하더라도 소비 과정에서 향유층의 마음을 사지 못하면 도태되기 때문이다. 시대를 가로질러 끊임없이 새로운 것을 선호하는 주 향유층의 감각은 다양한 기술과 외부자극의 영향으로 변화를 거듭한다. 특히 현대로 올수록 기술의 발달은 개인화된 사회에서 대중의 감각과 인식에 지대한 영향을 끼친다.

디지털 시대 대중음악의 향유방식을 변화시킨 가장 중요한 조건은 새로운 생산과 소비를 가능하게 하는 기술 환경의 변화다. 멀티미디어화된 디지털 기술 환경은 이제까지 생각하지 못했던 음악에 대한 감각과 인식을 바꾸어놓았으며, 능동적 사고를 가능하게 하는 환경을 제공했다. 수용자가 문자와 음성, 화상, 동영상 정보를 필요에 따라 손쉽게 가공하고 전환하여 이용할 수 있게 했으며, 이제까지 전혀 생각하지 못했던 음악의 위치와 방식을 새롭게 정립하는 계기를 만들었다.

대중의 향유감각과 인식은 그러한 환경 하에 여러 가지 변화를 겪는다. 특히 한국 대중음악의 주 향유층인 'Z세대'는 디지털 기술이 만들어놓은 풍요로운 문명을 즐기며 생활한다. 이들은 디지털 시대의 미디어인 인터넷을 활용해 쌍방향 의사소통을 즐기며 TV보다는 컴퓨터와 스마트폰이, 전화보다는 이메일이 더 익숙한 세대다. 어린 시절부터 네트워크와 함께 성장한 이들은 수동적인 수용자보다 적극적인 이용자의 방식을 선호한다.

케이팝을 이끄는 주 향유층인 이들은 오랜 기간 이러한 기술의 발전과 함께 성장하면서 다양한 감각과 인식을 체화했다. 시대를 가로질러 변화하는 대중음악의 양상은 이러한 향유층의 감각과 인식에서 비롯되며, 1990년대 이후 개인의 중요성이 커지면서 일상에 직접적인 영향을 주는 기술의 영향은 더욱 크게 작용했다. 그 결과 21세기 이후 케이팝에 나타난 향유감각과 인식의 특징은 다음과 같다.

1) 빨라진 사고와 접속의 개념

네트워크 중심의 시대로 넘어오면서 현대인에게 눈에 띄게 나타난 증상은 빠른 속도감과 접속으로 모든 정보가 인터넷에서 유통되는 생활이다. 특히 정보의 고속화로 모든 것이 검색 가능해지면서 음악 또한 새로운 방식으로 경험할 수 있게 되었다. 즉 향유자들은 가상공간에서 자신이 원하는 음악을 무료로 쉽게 들을 수 있게 되었고, 이로 인해 음악의 접근방식 또한 유연해졌다.

대중은 듣고 싶은 곡을 위해 음반 전체를 사야 했던 아날로그 시대에 비해 디지털 시대, 특히 2000년 이후에 들어와서는 모든 곡을 인터넷을 통해 무료로 들어볼 수 있으며 저렴한 가격에 구입할 수 있게 되었다. 또한 새로운 장르나 곡에 대한 접근이 가능해졌으며, 자신이 원하는 음악을 취사선택할 수 있게 되었다.

이처럼 디지털과 네트워크 기술로 인해 나타난 21세기의 가장 큰 변화는 음악을 더욱 빠르고 쉽게 접속해서 들을 수 있게 되었다는 점이다. 특히 하나의 연결망으로 지구화가 가능해지면서 사람들은 더 빠르고 더 쉽게 음악을 듣게 되었다. 새로운 음악을 듣기 위해서는 돈을 지불하여 구매하거나 라디오나 텔레비전에서 그 음악이 나오기를 기다리는 방법이 전부였던 과거에 비해, 디지털 시대의 음악 청취는 끊임없이 새로운 음악을 빠르게 찾고 들을 수 있는 환경이 조성되었다.

속도의 가치

클릭 한 번으로 모든 것이 해결되는 편리함에 익숙해진 2000년 이후의 대중은 단순히 기술을 넘어 많은 감각이 변화한다. 한번 빨라진 속도를 맛본 사람은 과거의 느린 속도에 불편을 느끼며 끊임없이 빠른 속도를 원하게 된다. 실제로 기술은 끊임없이 빠른 것을 추구하며 짧은 시간에 더 많은 성능을 낼 수 있도록 진화해간다. 이러한 디지털의 속성은 기본적으로 CPU(중앙처리장치)에 기반을 두고 있으며, CPU의 성능은 연산처리 속도에서 나타난다. 즉, 주어진 시간 내에 얼마만큼 더 빠르고 더 많은 일을 처리할 수 있는가가 중요해졌다. 이는 과거 하나의 정보를 찾기 위해 하루 혹은 며칠의 시간을 들였던 것을 1분 내에 처리할 수 있는 결과를 낳았으며, 이러한 디지털의 CPU는 시간의 확장을 가능하게 한 시간의 기술이자 현대인의 중요한 가치로 이어졌다.

다음은 어느 때보다 빠르게 확산되는 기술의 변화속도를 보여주는 그래프다.

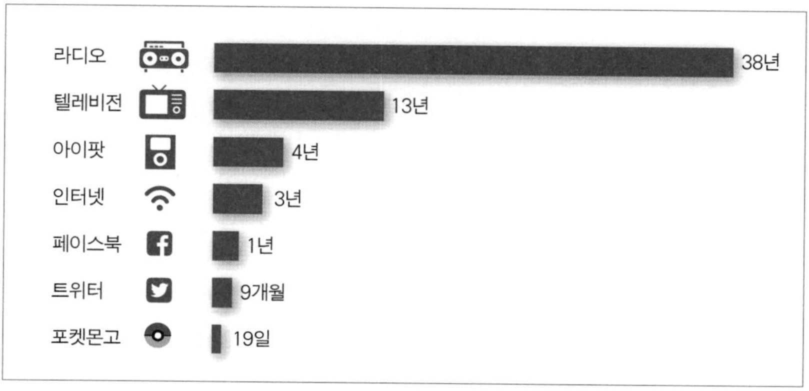

〈그림 4〉 사용자 5천만 명이 되는 데 걸린 시간

출처: 매킨지글로벌연구소

속도가 빨라지면 새로운 가치와 체험을 만들어낸다. 컴퓨터 속도가 빨라진다는 것은 짧은 시간에 더 많은 데이터를 처리할 수 있음을 뜻하고, 이는 새로운 기술의 편리를 낳는다. 이미지로 구성된 윈도와 동영상 기반의 멀티미디어 시대가 열린 것은 더욱 빨라진 컴퓨터의 속도 덕분이며, 빨라진 데이터 처리 기술은 인터페이스 시대를 열었다. 기술의 혁신은 새로운 것을 창조하는 것뿐만 아니라 이미 선보인 기술의 속도와 성능이 더 빨라지는 데서 찾을 수 있다.

"인간은 시간적 과정을 저장 · 조작하는 기록시스템의 한 구성성분으로 존재한다"라는 키틀러의 주장은 최근 SNS에서 뚜렷하게 나타난다. 최근의 음악 이용자는 트위터나 페이스북 같은 타임라인을 통해 실시간으로 정보의 흐름을 파악하고, 속도를 기준으로 정보의 내용과 주장에 대해 가치를 판단하게 되었다고 고백한다.

"이제는 불과 몇 분 전, 몇 시간 전의 내용도 마치 옛날처럼 느껴져요. 문제는 여기서 멈추는 게 아니라 오래됐으니까 의미 없다는 생각까지 들더라고요. 예를 들면 자료검색을 위해 학술논문을 찾을 때 몇 년 전의 논문만 해도 너무 오래돼서 보기 싫은 거예요."

"중요한 것은 트위터나 페이스북에서 최초 정보가 발설됐을 때 그 속도를 쫓아갈 수 없고, 어떤 사건이 중요한 정보의 진위나 최초 출발점을 알지 못하고 넘어가는 거죠. 정작 진중권, 공지영 등과 같은 맨 처음 이야기한 사람들의 근원은 사라지고 진중권을 까는 사람과 그를 옹호하는 사람들의 논쟁만 남아 있을 때가 많아요. 뉴스의 정보

가 매개되고 전달되는 속도가 진정한 뉴스의 근원을 거세시켜버리는 거죠."

매체학자 비릴리오가 우려한 것 역시 속도 자체가 아니라 속도가 주체의 사유와 행동을 재구성하는 방식이었다. 그는 "문제는 속도 자체가 아니라 우리가 그 속도가 되는 데 있다"라고 경고한다. 디지털 시대에 나타난 속도의 부작용은 SNS의 빠른 속도 속에서 그 속도의 빠름과 느림을 '선과 악', '가치와 무가치'로 연결시키고 있다는 점이다. 이것은 빠르게 업데이트되는 정보 속에서 정보의 질을 따지기보다 최신의 정보를 선호하는 현상으로 나타난다. 이것은 정보의 가치 판단척도가 '속도' 자체가 되었음을 의미한다.

케이팝에 나타난 '소비' 현상

케이팝의 경우도 다르지 않다. 실제로 유튜브를 통해 하루에도 수만 건의 음악 관련 동영상들이 무료로 업로드되고, 새로운 가수와 음악들이 끊임없이 생산된다. 2000년 이후 네트워크를 통한 음원 유통이 보편화되면서 국내뿐 아니라 해외의 많은 음악이 쏟아져나왔고, 더욱 빨라진 속도감은 변화하는 시대에 '소유'라는 가치를 무의미하게 만들었다.

이처럼 21세기 디지털 시대는 음악은 많아졌으나 음악 자체를 충분히 즐기거나 음미하기보다 새로운 음악을 계속적으로 소비하는 현상으로 나타난다. 이것은 음악의 기능이 더 이상 제대로 작동하지 못함을 의미하며, 빠른 소비 속에서 음악은 하나의 트렌드로서 심각한 부작용을 낳을 수 있음을 뜻한다.

트렌드에 민감한 한국 사회에서 빠른 소비는 자신이 좋아하는 음악을 찾기보다 인기 음악차트 위주로 듣게 되는 현상을 낳는다. 최신곡이 곧 좋은 곡이라는 생각에 빠르게 변화하는 트렌드를 좇게 된다. 이러한 양상은 음악차트를 구성하는 통신사나 대기업 엔터테인먼트의 자본화 현상에 영향을 받을 수밖에 없음을 의미한다. 이는 음악시장이 '정보'와 '통신'이라는 문화자본과 밀접해지면서 개인이 이러한 비용을 지불하지 않으면 문화적 소비에서 소외될 수밖에 없는 부작용을 가져온다.

또한 빠른 소비는 가수들의 활동 기간 또한 짧아지게 만들었다. 2000년 이전 한 음반당 6개월 전후로 활동했던 가수의 음악 활동기간은 음원 중심의 대중음악시장으로 변화하면서 2개월에서 1개월, 1개월에서 주단위로 점점 빨라지는 양상을 나타낸다. 이러한 변화는 음악을 사서 소유해야 하는 기존의 가치를 약화시키면서 소비로 전환하는 계기를 만들게 된다.

접속의 사고

21세기 속도 선호 현상과 함께 나타난 양상은 바로 접속과 연결의 사고다. 이 시대 편리함의 핵심은 스마트폰과 태블릿 등을 이용한 모바일 기기의 접속으로 언제 어디서든 온라인에 접근할 수 있다는 점이다. 이러한 네트워크의 접속은 매클루언의 주장대로 객체 간의 관계를 무한히 확장하며 사회를 움직이는 파워로 작용한다. 네트워크의 핵심은 '접속'이며 네트워크를 통해 사람과 사람, 사람과 정보, 정보와 정보 등 객체 간의 연결 범위가 확대되는 효과로 나타나고 있다. 특히 트위터, 페이스북 등 다양한 소셜 미디어가 급속히 확산되면서 네트워크는 인간 감각의 확장과 더불어 인간관계의 확장을 보여준다. SNS를 통한 이러한 확장은 사회의 모든 분야에 걸쳐 연결되며, 거대한 네트워크를 통해 창출되는 지식 또한 다양해지는 특성을 가지고 있다.

이렇듯 접속의 시대로 들어오면서 대중의 감각은 큰 변화를 겪는다. 20세기 이상적 인간형은 폭넓은 교양과 종합적 사유능력을 갖춘 교양인이었다. 많은 것을 배우고 익혀 자신의 머릿속에 기억하는 이들을 '지식인'이라고 일컬었으며, 그에 따라 많은 배움이 뒤따랐다. 그러나 21세기로 들어오면서 한 개인의 머릿속에 있는 지식의 양은 의미가 없어졌다. 네트워크의 발달에 따라 지식독점이 아닌 지식의 정보화 · 공유화로, 개인은 그것을 기억하는 능력보다 디지털 공간에 저장된 엄청난 정보를 제대로 검색하는 능력이 더욱 필요한 시대가 되었다. 즉 정보를 소유하지 못하더라도 필요한 정보를 잘 가려내어 습득하고, 적절한 시기에 활용하고 소비하는 능력을 갖추는 것이 더 중요한 시대가 되었다.

이는 케이팝에도 그대로 적용된다. 현재의 음악소비에서 가장 중요한 것은 어떤 음악을 기억하고 듣느냐라기보다 '언제, 어디서, 얼마나 자유롭게', 나아가 '내 취향대로' 음악에 접속할 수 있는가다. 이것은 아날로그 시대에 음반을 사서 소유해야 들을 수 있었던 사고와는 근본적으로 차이를 갖는다. 음악을 소유하기보다 네트워크를 통해 접속하고자 하는 음악소비는 MP3를 거쳐 스트리밍과 유튜브를 통한 음악 듣기가 더욱 많아지면서 강화되었다.

최근 한국콘텐츠진흥원이 조사한 '음악 이용자 실태조사 2019'에 따르면 음악 감상은 대부분 스트리밍(64%)과 동영상 사이트(47%)를 이용하는 것으로 나타났다. 그중 대중음악의 주 향유층인 10대의 경우 60%가 유튜브인 반면, 20대는 84%가 스트리밍을 이용하는 것으로 집계되었다. 또한 조사 대상 13개국 중 한국이 유료 스트리밍 서비스를 가장 많이 사용하는 나라라는 결과가 나왔다. 가장 사용률이 적은 나라는 일본, 캐나다, 프랑스 순으로 일본과 한국은 비율 면에서 6배 정도 차이가 난다. 이러한 결과는 트렌드에 익숙한 한국인의 소비적 성향과 인터넷 속도라는 디지털 기술이 만나면서 나타난 현상이라 할 수 있다.

이러한 결과에서 나타나듯 한국의 스트리밍 사용자가 전체 인구의 2/3에 달하면서 접속의 사고는 더욱 강화된다. 음악을 MP3로 일일이 다운받기보다는 스트리밍을 통한 소비로 새로운 유행곡을 즐기려는 수요가 증가한 것이다.

스트리밍을 통한 접속은 음악을 듣는 방식의 변화를 낳는다. 스트리밍의 경우 한 달에 7천 원 정도의 정액료만 내면 그 기간 동안은 100곡이건 200곡이건 마음껏 들을 수 있어 돈을 내고 한 곡을 사서 들을 때와는 다른 청취 패턴이 나타난다. 돈을 낸 한 달간은 모든 곡을 마음껏 들을 수 있으므로 향유자들은 더 이상 한 곡을 끝까지, 진지하게 듣지 않아도 될 권리를 갖는다. 마치 리모컨으로 TV 채널을 자유롭게 돌려가며 시청하는 것처럼 듣다가 마음에 들지 않으면 다른 곡으로 넘어갈 수 있게 된 것이다.

이렇듯 속도 선호 현상과 접속의 사고는 케이팝과 산업 전반에 큰 영향을 미쳤다. 네트워크의 빨라진 속도감은 최신 음악에 대한 선호를 부추겼으며, 스트리밍을 통한 접속의 사고는 음악의 청취 형태를 바꾸어놓았다. 대다수 수용자는 20세기에 비해 얕고 넓게 음악을 즐겼으며, 케이팝 시장 또한 빠르게 소비되었다.

2) 공간과 시간에 대한 자유로운 인식

21세기 이후 새롭게 나타난 케이팝의 인식 중 하나는 공간과 시간에 대한 인식이 자유롭다는 것이다. 대중은 컴퓨터와 인터넷을 통해 접하게 된 가상공간에 대한 사고로 기존의 시간과 공간 개념을 초월하는 새로운 세계를 창출하게 된다. 특히 이와 같은 인식은 스마트폰이 보급된 이후 대중의 일상에 적용되면서 인간의 사고에 큰 영향을 주게 되었다.

사람들은 과거 오프라인을 통해 모든 것을 구매하고 자신의 소유로 받아들인 반면, 디지털 발달 이후 오프라인이 아닌 온라인 세상에서 많은 것을 공유하고 시간을 소비하게 된다. 정보가 곧 힘의 상징이었던 사회를 거쳐 모든 지식을 공유하고 그것을 통해 새로운 것을 창출해가는 콘텐츠의 시대는 이제까지와는 완전히 다른 메커니즘을 발생시킨다.

가상공간에 대한 사고는 기존의 지리적 경계나 사회적 경계를 초월해 소셜 네트워크를 통한 대인관계를 형성하면서 새로운 유형의 사회적 망을 구축하게 됨을 의미한다. 이제 가상공간이 없는 삶은 생각하기 어려울 정도로 인간과 밀접하며, 이러한 가상공간은 탈공간적 · 탈시간적 사고를 통해 사람과의 만남은 물론 다양한 문화 현상에도 변화를 가져왔다.

인터넷이 개인의 일상생활에 가장 중요한 수단이 되면서 대중은 가상공간에서 벌어지는 다양한 사건과 양식들을 현실공간으로 확장시키고자 한다. 가상공간에서의 행동 양식은 현실공간에서의 행동 양식과 다른 양상을 보인다. 현실공간에서의 행동 양식이 공간적 · 시간적 제약을 받고 자신을 둘러싼 지역, 혈연, 경제적인 영향에서 자유로울 수 없는 반면, 가상공간에서의 행동 양식은 시공간과 물리적 제약으로부터 자유롭기 때문이다.

가상공간의 개인은 과거와 달리 한 곳을 향한 충성도가 적다. 관심 있는 사이트에 머물렀다가 다른 곳으로 움직이는 유목민적 성향을 보이는 이들은 자신의 다양한 관심사를 중심으로 모이거나 흩어진다. 한 곳에 머물러야 했던 아날로그 시대의 사고는 디지털 시대로 오면서 더욱 유연하게 변화했고 인터넷 안에서, 또 현실사회에서 끊임없이 유희적 요소를 찾아 유랑하는 디지털 노마드로 표출된다. 이는 스마트폰이 국내에 등장한 2009년 이후에 더욱 강화된다.

지구화 현상에 따른 음악의 변화

이러한 공간과 시간에 대한 인식 변화는 대중음악에서도 뚜렷하게 나타났다. 소셜 네트워크를 통해 가상공간에서 자유롭게 소통하는 디지털 시대는 전 지구가 하나의 공간으로 변화함을 의미했다. 네트워크를 통해 동시적 · 즉각적으로 통합된 지구화의 경험은 과거에 비해 영미 음악이 신속하게 전 세계로 전달될 수 있는 환경을 조성했다. 이를 통해 수용자는 영미 팝음악적 취향을 더욱 쉽게 흡수하게 되었고, 전 세계의 음악이 그러한 취향 중심으로 돌아가는 효과를 낳았다. 그러나 그 반면 지구화 현상으로 영미권 바깥의 음악이 글로벌 음악시장에서 인기를 얻는 일도 늘어났다. 전 세계가 하나의 음악시장이 되면서 서로 영향을 주고받는 시대가 된 것이다.

이러한 현상은 글로벌 음악시장에서 시대를 대표하는 장르나 슈퍼스타가 사라지는 효과를 낳았다. 인기를 얻는 장르나 가수는 있으나, 디지털 이전의 시대처럼 수백만 장 이상의 음반이 팔리고 대중이 모두 열광하는 대표작품이 생겨나기 어려운 환경이 되었다. 이것은 흡사 케이블 TV와 종편, 다양한 매체가 생겨나면서 방송의 시청률이 예전같지 못한 것과 같은 이치다.

이처럼 빨라진 네트워크와 기술의 발전은 다양한 음악이 혼재하는 음악시장을 가능하게 했다. 개인 미디어의 영향과 가상공간을 통해 변화한 대중의 인식은 익숙하지만 끊임없이 새로운 음악을 갈구했고, 이 같은 요인은 케이팝을 세계의 음악 트렌드로 자리 잡게 하는 좋은 환경이 되었다. 이러한 시대적 변화 요소를 십분 활용한 기획사의 전략으로 케이팝은 영미팝의 느낌을 가지고 있으나 한국적 색깔이 독특한 새로운 음악, 아시아적 감성과 스타시스템이 결합한 세계적 음악으로 탄생했다.

SNS를 통한 관계의 확장과 커뮤니티의 힘

매클루언은 새로운 매체의 도입을 인간의 확장으로 보았다. 그는 기술 매체를 객관적인 대상으로 고찰하기보다 인간에게 새롭게 도입되는 새로운 척도로 파악해야 한다고 강조한다. 즉, 모든 매체가 인간 감각의 확장이며 바로 이 감각이 개개인의 인식과 경험을 형성한다고 주장한다.

21세기 디지털 기술의 진보는 접속을 통해 인간 감각을 확장시키며 다양한 매체를 통해 심화한다. 사람들은 SNS를 통해 자주 만나지 못했던 사람들이나 새로운 사람과의 관계망을 확장하며 다양한 소식으로 소통한다. 공간과 시간을 넘어 가상공간에서 만난 이들은 SNS에 올려놓은 글과 음악, 사진을 보면서 '좋아요'를 누르기도 하고 댓글을 달기도 한다. 이는 단순한 행위를 넘어 이러한 SNS가 없었다면 결코 만날 수도 없었을 사람들의 생각 속에 이미 들어가 있음을 의미한다.

흔히 사이버 공간에서 이름 대신 자신의 존재를 표시하는 '아이디(ID)'는 디지털 시대의 하나의 기표로 작용하며 가상 세계에서 자신을 표현하는 상징이 된다. 아이디는 단순히 인터넷에 접속하기 위한 기능적인 도구가 아니라 개인의 존재를 확인시켜주는 또 하나의 정체성으로 작용하며, 실제로 자신의 이름만큼이나 일상적으로 사용된다.

디지털 매체 환경에서 개인은 시공간의 제약을 벗어남으로써 물리적으로 가깝지 않은 이들과 1차적 관계뿐 아니라 2차적 관계를 만들어가게 된다. 디지털 시대는 면대면 상호작용을 대체했다기보다는 새로운 관계를 추가함으로써 전자적으로 매개된 새로운 상호관계를 증가시키고 있기 때문이다.

이러한 상호관계는 인터넷 공간을 매개로 각자의 선호에 따라 다양한 문화 커뮤니티를 만든다. 정보를 직접 생산하고 소비하는 이들은 온라인 공간에서 '게시판'과 '댓글'을 통해 자신의 의사를 공론화하며 강력한 여론층을 형성한다. 이러한 커뮤니티는 이용자와의 관계 맺기를 가능케 할 뿐 아니라 글쓰기에서 행동으로 이어지는 소통의 변화를 야기한다. 거리응원에서 촛불집회, 심지어 대통령선거 유세에 이르기까지 커뮤니티와 SNS의 파급력은 그 어떤 매체보다 빠르고 무섭게 확산되기 때문이다.

그 대표적인 예로 얼마 전 일어난 케이팝 팬들의 사회적 움직임을 들 수 있다. 이들은 2020년 인종차별에 반대하고자 미국 트럼프 대통령의 털사(미국 오클라호마주 털사의 BOK센터) 유세장에 수만 장의 티켓을 사고도 가지 않는 '노쇼(No Show)' 퍼포먼스를 벌였으며, 그 결과 유세장의 2/3가 텅텅 비는 상황을 연출했다. 당초 트럼프 대통령은 경기장 밖 무대에서도 군중을 향해 연설할 계획이었지만 그럴 필요가 없었다고 당시 미 언론은 전했다.

실제로 트럼프 캠프 측이 입장권을 신청해달라는 글을 트위터에 올린 이후 케이팝 팬들의 계정에는 입장권 신청을 독려하는 글이 다수 올라왔다. 블룸버그통신과 뉴욕타임스(NYT) 등 일부 언론들은 "트럼프 대통령의 유세가 실패로 끝난 데는 동영상 공유 사이트인 틱톡(TikTok)과 인스타그램, 트위터 등을 이용하는 10대 사용자의 온라인 보이콧 운동 때문"이라고 보도했다.

또한 미국 전역에서 인종차별 반대 시위가 일어났을 때도 "불법 · 폭력 시위를 신고해달라"라는 댈러스 경찰에 맞서 자신이 좋아하는 케이팝

스타의 공연 영상과 사진을 경찰의 앱에 올리거나, SNS에 해시태그 '#화이트라이브스매터(#Whithlivesmatter, 백인의 삶이 중요하다는 뜻)'를 붙여 올리며 시위대를 도운 것이 대표적이다. BTS 팬클럽 '아미'는 흑인 조지 플로이드 사망사건 당시 100억 달러를 모금해 기부하기도 하는 등 커뮤니티를 통해 사회적 목소리를 냈다. 이러한 조직력은 단순히 가수를 좋아하는 기호를 넘어 케이팝 팬들이 보여준 사회적 목소리이자 수용자의 달라진 파워라고 할 수 있다.

팬덤의 연결성

이처럼 네트워크의 발달에 따라 공간과 시간에 대한 자유로운 인식은 다양한 사람의 토론을 가능하게 하고, 국가 간 장벽을 넘어 정보가 빠르게 이동하게 한다. 마셜 매클루언이 말한 지구촌화된 세계는 다름 아닌 디지털의 발달과 확산에 의해 가능해졌다. 그 대표적 예인 케이팝의 글로벌 팬들은 가상공간을 통해 소통하고, 유튜브와 다양한 소셜 네트워크를 통해 스타를 만난다. 아날로그 시대에는 한국에서 음반이 출시되더라도 다른 나라에 순차적으로 출시된 것과 달리 디지털 환경에서의 음악은 온라인을 통한 동시성을 강조한다. 가수들은 음원 출시와 동시에 온라인상에 오픈하며 전 세계적으로 하나의 가상공간을 통해 연결된다. 또한 SNS를 통해 팬들과 교류하며 직접 이야기를 나누거나 토론을 하는 등 전 세계적인 팬들과의 교류가 가능해졌다.

케이팝 아이돌 그룹으로는 처음으로 빌보드차트를 휩쓴 BTS는 2017년을 시작으로 2020년까지 양대 팝시장인 미국 빌보드와 영국오피셜차트에서 각각 4연속, 2연속 정상을 차지한 데 이어 독일과 프랑스, 일본에 이르기까지 세계 6대 음악시장 앨범차트를 모두 석권했다. BTS는 이러한 글로벌 신드롬의 가장 큰 이유로 SNS 소통을 꼽았다. 데뷔 전부터 꾸준히 팬들과 소통했으며, 이를 통해 세계적인 팬들을 확장했다는 것이다. 이렇듯 시공간을 넘나드는 가상공간의 특징은 관계의 무한 확장을 통해 케이팝의 많은 변화를 가져왔다.

3) 자기표현의 욕구와 재미 추구

아날로그 시대의 음악이 '듣는 음악', '감상하는 음악'이었다면 디지털 시대의 음악은 '즐기는 음악', '자신을 표현하는 음악'으로 정의할 수 있다. 이러한 음악의 변화는 개인과 개인 간의 콘텐츠를 발생시킬 수 있는 개인 미디어의 보급과 그것을 가능하게 한 기술 환경의 영향이라 할 수 있다. 20세기 후반 신자유주의의 영향으로 개인화된 대중의 사고는 그것을 가능하게 한 디지털 기술과 만나면서 개인과 개인의 교류가 가능해졌다.

이는 아날로그 시대 대부분의 음악 콘텐츠가 방송국, 음반사, 잡지사 같은 대형 미디어 기업에서 유통된 것과 달리 2000년 이후 개인과 개인 간의 사적 미디어 시대가 도래하면서 자기표현과 유희가 가능해졌기 때문이다. 이제까지 방송국이나 음반사에서만 생산이 가능했던 콘텐츠를 안방, 사무실, 혹은 이동 중에도 자신의 미디어를 이용해 대중 스스로 생산할 수 있게 되었다.

2000년 이후 나타난 기술 환경의 변화는 개인의 감각과 인식을 변화시켰다. 인터넷이 유통된 초기의 대중은 대형 미디어 기업들이 네트워크를 통해 유통시키는 콘텐츠를 수동적으로 보는 데 그쳤다. 그러나 시간이 흐르고 개인의 기술적 능력과 더불어 감각들이 축적되면서 홈페이지와 블로그, 싸이월드 같은 소셜 네트워크들이 등장했고, 이를 바탕으로 개인의 이야기와 사생활이 표현되기 시작했다. 이러한 경험들은 2009년 개인 미디어인 스마트폰의 탄생과 함께 급격하게 표출되었다.

개인이 자신을 표현할 공간을 가졌다는 것은 여러 가지 면에서 중요한 의미를 가진다. 과거에는 전문가들만이 가질 수 있었던 기기들을 기술의 발전으로 개인이 보유할 수 있게 되었기 때문이다. 예를 들어 스마트폰에 디지털카메라가 장착되었다는 것은 인터넷이 사적인 의미를 표현하는 공간으로 활용될 수 있음을 의미한다. 인터넷은 사적인 대화가 진행된다는 점에서 사적 공간이지만, 불특정 다수의 사람들이 접근할 수 있다는 점에서는 공적 공간이기 때문이다.

자기표현의 수단이 된 음악

20세기 대중음악 문화의 역사는 집단적 행위에서 개인적 행위로 이동한 역사라고 할 수 있다. 축음기는 공공 음악 연주를 집에서도 들을 수 있음을 의미했으며, 휴대용 그라모폰과 라디오는 음악이 침실로 진입했음을 의미했다. 워크맨은 개인이 공공장소에서도 개인적 용도로 음악을 들을 수 있음을 의미했다.

그러나 디지털 시대로 넘어오면서 이러한 기술의 발전은 개인의 경험을 한 단계 발전시킨다. 단순한 사적 음악의 매개나 다른 세대와의 구별 짓기를 넘어 음악을 통해 자신을 표현하는 것이 가능한 기술과 환경이 주어졌기 때문이다.

2000년대 이전 주 향유층의 문화적 표현은 스스로의 욕구를 조직하고 구체화함으로써 나타내는 것이 아니라 기성체제에 의해 주어진 것을 '소비'함으로써 드러냈다. 1990년대 한국의 신세대 문화는 이들의 자발적인 욕구와 생산능력에 의해 창조된 것이 아니다. 힙합이 미국 빈민가의 흑인 청소년들에 의해 자생적으로 상품화되는 과정을 밟은 것과 달리, 한국에서의 힙합은 상품화된 형태로 들어와 청소년들이 이를 선택하고 수용하는 과정을 통해 자리매김했다.

이처럼 2000년대 이전의 문화는 창출하는 것이 아니라 주어진 문화와 상품을 소비하는 방식으로 자신들의 정체성을 표현해냈다. 이들은 달라진 상황과 조건 속에서 자기표현의 욕구를 가지게 되었지만, 결국 이들이 기성세대와의 차이를 드러내고 표현하는 방식은 주어진 상품을 소비하는 행위를 통해서였다.

그러나 2000년 이후 본격적인 네트워크를 통한 디지털 시대에 들어서면서 이러한 양상은 변화를 맞는다. 단적인 예로 디지털 시대의 대중은 모바일의 벨소리와 컬러링에 신경을 쓴다. 그 이유는 컬러링 음악이 전화벨 소리 이상을 의미하며, 그 사람의 색깔과 취향을 표현하는 수단이기 때문이다. 이는 자신을 표현하는 수단이자 유희적 수단으로 작용한다는 것을 뜻한다.

또한 카카오톡의 자신을 소개하는 소개창에 음악을 삽입하거나 좋아하는 음악을 SNS를 통해 담거나 퍼 나르는 행위로 자신을 표현한다. 이때의 음악은 더 이상 음악 자체로 머물지 않으며 스스로의 정체성을 표현하는 자신만의 감성이자 글이 된다. 21세기의 음악은 단순히 듣고 즐기는 소리의 개념을 넘어 자기표현의 수단이다.

이러한 자기표현의 대표적 사례로 힙합을 들 수 있다. 시대를 막론하고 새로운 감각의 추구는 그 사회가 필요로 하는 시대의 욕구로 출발한다. 기술의 발전으로 표현에 익숙해진 현대인은 자신을 표현하는 새로운 음악적 감각을 찾기 시작했다. 20세기 후반부터 서서히 인기를 끌기 시작한 힙합이 스마트폰 시대에 들어와 폭발적으로 인기를 끈 것은 단순히 TV 오디션 프로그램의 영향을 넘어서 시대의 공감대가 깔려 있음을 의미한다.

음악의 유희적 사고

디지털 시대 자기표현의 욕구와 더불어 나타난 수용자의 변화는 바로 유희적 사고다. 공적 미디어에서 사적 미디어로의 전환은 이러한 자기표현의 욕구와 더불어 유희적 사고를 강화시켰다. 방송국이나 음반사에서 유통하는 음악 콘텐츠만이 아니라 개인이 직접 콘텐츠를 발생시킬 수 있는 환경이 도래하면서 개인은 더 재미있게, 더 감각적으로 콘텐츠를 표현하는 데 관심을 두게 되었다. SNS상에서는 개인의 평가에 의존하는 만큼 같은 콘텐츠라도 얼마나 재미있는가, 얼마나 감각적인가가 인기의 기준이 되기 때문이다. 대중은 이러한 SNS에서의 경험을 통해 더욱 감각적이고 유희적인 것을 추구하게 되었다.

대중문화는 대중이 여가를 오락과 긴장 해소로 때우고 싶어 하는 문화적 욕구에 부응해 생겨난 사회적 산물이다. 대중의 문화적 욕구는 자본가의 이윤과 직결된 시장의 형성을 가능하게도 하지만, 이에 따라 '상업적인 여가문화'로서 대량소비를 위한 오락상품이라는 특성을 지닌다. 이러한 대중문화의 긴장 해소를 위한 오락 성격은 디지털 시대로 오면서 극대화되는 양상을 띤다. 소셜 네트워크를 비롯한 가상의 다양한 공간들은 그 자체가 유희의 성격을 표방하는 미디어로 작용하기 때문이다.

유희란 놀이이며, 문화를 창조하는 행위다. 인간의 상상력을 해방시켜 공유할 수 있는 의미를 만들어내는 것이다. 놀이는 인간 행동의 가장 근본적 범주에 해당하는 것으로, 놀이가 없으면 문명도 성립할 수 없다. 디지털 시대에는 이러한 놀이가 산업 전면에 등장하여 소셜 네트워크를 통해 유통된다. 접속은 누구를 놀이에 참여시키고 누구를 배제시킬지를 결정하는 방식의 문제이며, 디지털 시대의 가상놀이는 현실의 콘텐츠 곳곳에 활용되기도 한다.

현실은 이러한 유희적 사고를 근간으로 한다. 맵을 통한 길 찾기 놀이, 트위터나 페이스북 같은 세상 이야기 듣기, 인스타그램이나 핀터레스트 같은 바깥세상 엿보기 등은 모두 유희적인 놀이의 형태를 띠고 있다.

대중음악 프로그램에서도 이러한 경향은 계속된다. 2000년대 이전의 음악 프로그램이 콘서트나 음악을 소개하는 순위 프로그램이었다면, 현재의 음악 프로그램은 끊임없이 유희를 추구하는 놀이적 요소를 표방한다. 현재 MBC의 〈음악중심〉, KBS의 〈뮤직뱅크〉 같은 순위 프로그램이 2%의 시청률을 넘지 못하는 것과 달리 2000년대 이후는 대부분 게임의 요소를 접목한 프로그램들의 시청률이 높다. MBC의 〈나는 가수다〉, KBS의 〈불후의 명곡〉, SBS의 〈K팝스타〉, Mnet의 〈슈퍼스타 K〉 등 서바이벌 게임 형태의 오디션 프로그램, MBC의 〈복면가왕〉, JTBC의 〈팬텀싱어〉 같은 숨은그림찾기식 프로그램 등은 재미의 요소를 끊임없이 추구한다.

이러한 디지털 시대의 유희적 사고는 대중음악 가사에서도 뚜렷하게 나타난다. SNS 접속을 통해 새로운 만남을 원하듯 끝없이 재미와 새로움을 추구하는 양상은 디지털 시대의 새로운 인식 변화라고 할 수 있다.

4) 음악에 대한 인식 변화

디지털 시대에 나타난 가장 큰 변화는 사람들이 음악을 더 이상 변형할 수 없는 최종생산물로서 생각하지 않는다는 점이다. 케이팝 수용자에게 하나의 완성된 '작품'으로 도달한 음악은 2000년 이후 큰 변화를 맞이한다. 본격적인 디지털 기술의 발달로 대중은 음악을 쉽게 복제 · 변경 · 합성할 수 있게 되었으며, 기존의 음악을 근간으로 하여 디지털화된 모든 텍스트와 이미지, 사운드를 가공 · 첨가하여 자신만의 새로운 '작품'을 만들 수 있게 되었다.

이제 인터넷과 스마트폰은 필요한 정보를 찾아 다운로드하는 공간이 아니라 정보를 변형해 새로운 메시지를 작성하고 다시 업로드하는 '가공'의 공간이 되었다. 대중은 다운로드받은 사운드를 리믹스하여 새로운 음악을 만들고, 웹상에서 얻은 이미지와 동영상을 편집 · 가공해 새로운 이미지와 동영상을 만들어 웹에 올린다. 이러한 기술적 변화는 수용자에서 수용과 공급을 동시에 하는 프로슈머로서의 위상을 갖게 한다.

아날로그 시대의 대중음악은 라이브 상태의 음악을 최고의 경지로 보았다. 발터 벤야민의 아우라를 가장 잘 나타내는 라이브 음악은 가수들의 자존심이었고, 이를 지키기 위해 라이브 연주자들을 고용해 직접 소리를 내게 했다. 또한 녹음 스튜디오에서 라이브 소리를 최상으로 담기 위해 좋은 스피커와 마이킹에 돈을 들였고, 고음질의 사운드를 담아내는 데 가장 많은 신경을 썼다. 그러나 이러한 현상은 디지털 시대에 들어오면서 완전히 다른 변화를 낳는다.

2000년 이후의 가수들은 더 이상 라이브 연주를 고집하지 않는다.

라이브 공연 시 현장의 소리를 담기 위해, 혹은 퍼포먼스 개념으로 함께 하는 경우는 있지만 음반 녹음 시 높은 질을 위해 무조건 라이브를 고집하는 사례는 대부분 사라졌다. 이것은 음악에 대한 수용자의 두 가지 달라진 인식 변화에서 비롯된다.

첫째, '라이브 소리가 진정성이 있다'라는 인식의 해체다. 20세기 후반부터 발전해온 녹음기술의 발달은 2000년 이후 더욱 발전한다. 디지털 녹음기술의 발달로 가상악기의 소리는 라이브보다 더욱 라이브 같아졌으며, 현장의 소리보다 더욱 깊고 풍성해졌다.

'샘플러'라는 개념 자체가 라이브의 악기 소리를 담아낸 가상악기이며, 샘플 CD 또한 최고 연주자들의 연주기법과 소리를 그대로 담아내어 데이터베이스화한 것이어서 이들의 음악적 질은 라이브 연주를 능가한다. 오히려 힙합 샘플러들은 레코드의 진정성을 위해 라이브 공연을 피한다. 새로운 음악에는 일부러 잡음을 더해 낡은 것처럼 만들고, 또 오래된 음악은 최신 레코드에서 샘플링되면서 디지털 시대의 녹음은 라이브보다 더욱 라이브 같은 음악으로 탄생한다. 진정성 있는 라이브 공연은 오히려 녹음된 소리에서 찾게 되었다.

둘째, '음악은 고정불변의 것이며 그것이 가치 있다'라는 인식의 해체다. 디지털 시대의 대중음악 작곡가들이 라이브보다 가상악기를 선호하는 이유는 가성비와 더불어 음악의 변형 가능성 때문이다. 기존의 소리를 녹음해서 샘플루프로 만드는 이유는 그것을 기반으로 소리의 변형과 첨가, 윤색이 가능하기 때문이다. 이들은 디지털 샘플링을 통해 소리를 조작하기 쉬운 데이터로 변환시킴으로써 더욱 새로운 음악에 도전하고자 한다. 이처럼 아날로그 시대에 창작된 작품으로서 음악이 가졌던 절대적 지위는 디지털화되면서 갖게 된 '변형 가능성'으로 인해 순간적이고 일시적이며 윤색 가능한 대상으로 변화하게 된다.

5) 통합과 융합의 감각

오늘날 기술적인 측면에서 다양한 융합 현상을 가능하게 한 핵심적인 요인은 '디지털화'라고 할 수 있다. 여기서 디지털화란 텍스트, 동영상, 비디오, 그래픽 등과 같은 모든 정보를 0과 1이라는 이진수의 조합으로 표기함으로써 서로 다른 요소들의 융합을 가능하게 하는 기술적 장치를 의미한다. 디지털 시대는 타 매체와의 호환이 매우 적합한 기술적 특징을 가지고 있으며, 이는 매체 간 또는 장르 간 구분이 희미해지고 경계가 사라지는 경향으로 나타난다.

디지털 기술이 발전하기 전인 아날로그 시대의 경우 음성, 텍스트, 영상 등과 같은 모든 정보는 각각의 정보에 따른 매체를 통해서만 전달되었으며, 각각의 매체는 다른 매체들과 독립성을 유지하며 존재했다. 즉 아날로그 시대의 모든 정보는 글자는 종이에, 영상은 필름에, 음성은 녹음테이프에 저장하는 식으로 각기 다른 저장방식을 필요로 했으며 인쇄기, 카메라, 녹음기 등 별도의 기계를 통해서만 재생될 수 있었다. 그러나 모든 정보가 디지털화하면서 영상, 음성, 텍스트를 자유롭게 조합할 수 있는 형태로 바뀌어간다.

디지털 데이터의 가장 중요한 특성은 종류에 상관없이 일단 디지털화되면 모두 같은 방식으로 저장된다는 점이다. 이러한 정보처리의 단일성과 편리성은 완벽히 원본 복제가 가능함과 동시에 같은 조건에서 융합과 통합이 손쉽다는 특징을 갖는다. 아날로그와 달리 디지털 콘텐츠는 변형 과정에서 내용 손실이 거의 없이 압축 가능하며, 이러한 변화는 사회 모든 영역에 영향을 미친다.

이러한 디지털 시대의 통합적 · 융합적 감각은 2010년대 스마트폰 시대로 넘어오면서 더욱 극대화된다. 스마트폰 자체가 디지털의 컨버전스 현상을 압축적으로 보여주므로 카메라, MP3, 컴퓨터, TV를 담을 수 있는 기술적 변화는 결국 감각의 변화를 야기한다.

이러한 디지털 시대의 감각 변화는 케이팝의 소비 스타일로 연결된다. 디지털 시대의 문화 논리가 새로운 이유는 과거와 급진적으로 단절하는 새로움에 있다기보다는 이러한 혼합 과정 속에서 나타나는 요소들과의 변화된 감각에 있다.

케이팝 산업 또한 21세기 이후 디지털 기술의 속성에 따라 철저하게 통합된 환경을 제공한다. 아날로그 시대 음악 산업의 중심이 음반사에 있었던 것과 달리 디지털 시대의 중심이 유통사로 넘어오면서 음원과 유통 또한 통합을 이룬다. 추천, 매개, 전송 미디어와 유통채널, 재생기기가 하나의 매체를 통해 이루어지면서 통합된 서비스가 가능해졌다. 예를 들어 벅스, 멜론 등 음원제공 사이트에서 음악을 들을 경우 전송으로 인한 맛보기 경험과 구매결정, 구매행위와 청취가 같은 장소에서 이루어지게 된 것이다.

2000년 이후 음악 산업에 나타난 새로운 현상은 이러한 많은 결정이 이제 인터넷이나 스마트폰으로 손쉽게 이루어진다는 것이다. 이것은 단순히 무작위 추천 단계를 넘어 멜론 같은 음원제공 사이트에서 이용자의 빅데이터를 이용해서 과거 4년 전에 자신이 가장 많이 들었던 음악들을 편집해 들려주거나 개인 취향에 맞춰 선곡을 제시하는 기술력이 가능해졌다는 데 있다. 또한 인스타그램이나 페이스북 같은 SNS에서도 빅데이터가 작용하면서 사용자가 클릭했던 음악이나 동영상들이 추천 화면으로 자연스럽게 뜨는 것을 볼 수 있다. 이러한 형식의 추천과 매개는 곧 상품의 스트리밍으로 이어지며, 이 모든 것이 하나의 재생기기에서 펼쳐진다는 점을 전제한다. 디지털 매체의 편리함은 더욱 편리하고 좀 더 개인 취향의 업그레이드된 버전 양상으로 나타난다.

이처럼 디지털 시대는 끝없는 환경 변화와 통합기술을 통해 수용자의 감각 변화를 낳았다. 음원 사이트를 비롯한 다양한 콘텐츠사들은 그러한 변화에 촉각을 세우며 끊임없이 기술과의 만남을 시도한다. 최근 한국도 음악 컨버전스 사업, AI 음원 재생 서비스, 빅데이터를 활용한 맞춤형 음원 추천 기능 등 다양한 기술 환경을 통해 통합적 감각을 배양하고 있다.

III

새로운 매체로의 대전환

1. 스마트폰 중심에 따른 케이팝의 변화
2. 음악과 매체의 관계
3. 시대에 따른 매체 변화

대중음악에서 각 시대의 주요 매체가 바뀐다는 것은 단순히 개인의 일상이나 편리함이 바뀌는 것을 넘어선다. 이것은 음악에 대한 변화는 물론 몸의 느낌과 사고방식, 의사소통방식이 급격하게 바뀌는 것을 의미한다.

한국에 아이폰이 판매된 2009년 이후 스마트폰의 등장은 케이팝 음악에 결정적인 영향을 주었다. 몸의 일부분으로 작용하는 스마트폰의 확산은 시각에서 통합감각으로 변화함을 뜻했다. 이제 음악은 보는 것만이 아니라 누르고, 작동시키고, 촬영해 올리는 체감형 콘텐츠가 되었다. 케이팝은 뉴미디어에 빠르게 적응하면서 글로벌 음악이자 새로운 시대의 음악으로 자리 잡게 된다.

1.
스마트폰 중심으로의 전환

케이팝은 한국에서 생겨난 이래 빠른 속도와 강도로 변화해온 대표적인 대중문화다. 과거 축음기에서 라디오, 텔레비전, 컴퓨터, 인터넷, 스마트폰에 이르는 새로운 매체의 도입은 대중음악의 발전에 결정적인 역할을 수행해왔다. 무엇보다 중요한 것은 이러한 매체의 발전에 따른 음악적 수용이 단지 새로운 음악 방식의 도입이라는 차원에 머무르지 않았다는 점이다.

여타의 음악 장르와 달리 대중음악은 이를 적극적 방식으로 내재화했으며, 항상 음악적으로 매체 감각화해왔다. 케이팝은 뉴미디어를 토대로 새로운 음악을 만들었으며, 이를 통해 대중음악적 문화형성체와 이를 전유하는 새로운 감각방식을 구성했다.

특히 PC에 이은 스마트폰의 등장은 케이팝 음악에 결정적으로 작용했다. 한국에 아이폰이 판매된 2009년 이후 스마트폰을 사용하는 인구가 폭발적으로 증가하면서 사람들의 기호와 생활방식이 달라졌기 때문이다. PC로 인터넷을 사용하는 것과는 확연히 다른 스마트폰의 방식은 언제 어디서든 음악을 듣고 보고 소통할 수 있게 만들었다. 몸의 일부분으로 작용하는 스마트폰은 이동성을 중심으로 한다는 측면에서 기존의 PC와 차별화된다. 스마트폰은 기존의 문화를 스마트폰 이전과 이후로 나눌 정도로 문화의 형태를 크게 변화시켰으며, 케이팝은 이를 전면적으로 받아들였다.

스마트폰으로 대표되는 모바일 매체의 특성과 케이팝의 연관성은 다음과 같다.

첫째, 스마트폰은 '이동 중에 사용할 수 있는' 매체다. 이동성은 스마트폰 매체의 가장 중요한 속성 중 하나로 공간적 · 시간적으로 움직일 수 있음을 의미한다. 스마트폰의 본질적 속성인 이동성은 전 세계 케이팝 팬들에게 언제 어디서든 편리하게 음악을 듣고 소통할 수 있는 환경을 제공했다. 모바일 테크놀로지, 콘텐츠, 사용자 경험이라는 3자 사이의 복잡하고 역동적인 관계를 규정한다는 점에서 모바일의 소통 양식을 결정짓는 중요한 요인이다.

둘째, 스마트폰은 '휴대할 수 있는 기기'를 통해 커뮤니케이션과 상호작용이 이루어지는 매체라는 점이다. 휴대 가능한 기기는 일반적으로 손에 들고 다니거나 몸에 착용할 수 있는 시스템을 지칭하는 것으로 건물, 가정, 사무실 등에 고정된 기기나 자동차, 배, 비행기 등에 부착되어 움직이는 기기와 구별된다. 이로 인해 몸의 일부분으로 인식되는 특성을 갖는다.

셋째, 스마트폰은 앞서 살펴본 이동성이라는 속성 때문에 필수불가결하게 '무선통신'에 의존하게 된다. 이러한 특성은 대중의 일상적인 활동에서 정보와 통신의 영향력을 확대시킨다. 정보와 통신이라는 문화자본의 일상적 지배에서 벗어나기 어려운 상황을 연출하며, 이로 인해 비용을 지불하지 않으면 문화적 소비에서 소외되는 현상을 야기한다. 따라서 케이팝은 이동통신사의 영향력이 커졌으며 4G, 5G로 이어지는 통신의 발전과 함께 산업의 구도를 재편했다.

넷째, 스마트폰은 '독특한 상호작용 및 커뮤니케이션 양식'을 만들어내는 매체다. 일반적으로 상호작용은 '인간 상호작용'과 '기계 상호작용'으로 나뉘는데, 스마트폰을 통해 이 두 형식의 상호작용이 가능해졌으며 상호작용의 양식 또한 풍부해졌다.

대중은 이러한 상호작용의 핵심인 스마트폰을 이용해 다양한 정보를 검색하고 멀티미디어 콘텐츠를 사용자 스스로 제작하는 단계에 이르고 있다. 문자, 그래픽, 사운드 등을 활용한 다양한 형식의 매개는 케이팝 팬들의 전방위적인 소통과 참여, 제작을 가능하게 했다.

이렇듯 스마트폰으로의 대전환은 소통을 중요시하는 케이팝 문화를 이끌었으며, 개인의 생활양식과 사회적 과정을 근본적으로 변화시키는 매개체가 되었다.

2.
음악과 매체의 관계

대중음악에서 매체의 역할은 단순히 전달자, 매개자에 그치지 않는다. 같은 음식을 어떤 그릇에 담는가의 문제를 넘어 그것이 화학적 반응을 일으켜 새로운 음식의 맛과 향을 내는 '본질적인 요소'로 존재하기 때문이다.

사람들이 음악을 받아들일 때 느끼는 정서적 요소는 단순히 가사 내용에만 좌우되는 것이 아니다. 기술로 인해 변화된 대중의 인식이 담긴 가사, 변화된 감각 비율에 의해 내재화된 음악 형식이라는 두 가지 요소가 합쳐져 하나의 대중음악으로 표현된다. 여기에 또 하나의 요소인 대중음악 수용자의 정서적 특성과 합쳐져 음악을 향유하게 된다. 결국 가사와 음악, 그리고 대중의 정서라는 삼박자가 조화될 때 사람들은 그 음악을 듣고 즐긴다.

예술음악은 기술이 발전하여 매체가 변화할 때마다 그 전제가 되는 원형을 담보하고 매체를 수단화했다. 그에 비해 대중음악은 매체의 외형만이 아니라 속성과 성격, 효과를 내면화해 완전히 새로운 음악으로 탄생했다고 볼 수 있다. 그 차이는 창작자와 수용자 중 어디에 그 중심이 있느냐에 따라 결정된다. 즉 예술음악은 창작자 중심이요, 대중음악은 철저히 수용자 중심이라는 사실이다.

이러한 매체와 문화의 관계는 많은 학자들에 의해 연구되어왔다. 이들의 이론은 매체가 단순히 하나의 매개에 그치지 않음을 보여주며, 매체 변화에 따른 대처에 더욱 폭넓은 시각을 제공한다. 다음은 매체이론의 대표적 학자인 마셜 매클루언과 프리드리히 키틀러, 기술과 문화의 관계를 새로운 시각으로 해석한 학자 질베르 시몽동이 제시한 내용이다.

1) 매체에 따라 사람들의 감각은 변화한다 - 마셜 매클루언

매체와 인식 사이의 역학관계에 대한 탐구는 매체이론가 마셜 매클루언(Marshall McLuhan, 1911~1980)에 의해 심층적으로 논의된 바 있다. 매클루언에게 있어 인식이란 인간의 감각기관을 통해 세상을 지각하는 방식을 의미한다. 그에 따르면 인간은 감각을 통해 세상을 인식하며, 모든 종류의 매체는 인간과 세계를 연결해주는 인간 신체 및 감각의 확장이다. 매클루언은 각 시대를 대표하는 매체(media)는 서로 다른 감각 비율을 구성하고 있으며, 더 나아가 인간의 지각 및 삶의 방식에도 결정적 영향을 미친다고 보았다.

매체의 차이는 한마디로 인식의 틀이 달라지는 것을 의미한다. 또한 의사소통의 체계와 상호의존성의 패턴이 달라지는 것을 의미한다. 매체는 어떤 이미지나 정보를 전달하는 매개인 동시에 그것을 자신의 고유한 방식으로 가공하는 특정한 형식이기 때문이다. 같은 정보라 하더라도 텔레비전으로 보는 것과 라디오로 듣는 것, 그리고 신문에서 읽는 것은 제각기 다르다.

그것은 단지 동일한 메시지를 다르게 전달하는 것이 아니다. 매개 형식, 즉 매체가 다르면 전달 내용도 달라질 수밖에 없다. 편지지에 손글씨로 전달된 '사랑한다'라는 고백과 감미로운 음악과 함께 핸드폰에 찍힌 문자 메시지의 고백은 의미가 다르다. 전자는 눈으로 읽고 그 의미를 해독하는 활동을 수반하지만, 후자는 눈으로 읽고 귀로 들음으로써 단지 의미를 해석하는 소극적 행동을 넘어 메시지 속으로 빠져들기 때문이다.

매클루언은 이를 매체에 따라 사람의 감각 비율이 바뀌는 것이라고 표현한다. 텔레비전을 통해 정보를 받아들이는 것과 라디오를 통해 정보를 받아들이는 것이 다른 이유는 각 매체에 반응하는 감각 비율이 다르기 때문이다.

한걸음 더 나아가 매클루언은 매체에 따라 감각 사이의 비율이 바뀐다는 것은 곧 사람들 간의 상호의존 패턴도 바뀌는 것이라 주장했다.

예를 들어 펜팔을 통해 누군가와 교제하게 된다면 그 교제는 전적으로 '문자'라는 상징에 의존할 것이다. 이때 우리의 감각 중에서 시각에 의존하는 비중이 커지게 되는데, 이 경우 '시각'이라는 것도 문자에 종속되므로 극히 이성적인 방식으로 나타난다.

직접 대면할 경우 다른 사람과의 교감은 단순히 말이나 시각적인 이미지가 아닌 후각적인 느낌, 촉각적인 감각, 또는 청각적인 이미지 등 모든 것이 중층적으로 작용한다. 어떤 매체를 통해 소통이 이루어지느냐에 따라 감각 비율이 달라질 뿐만 아니라 사람들 간의 관계, 즉 상호의존 패턴이 달라진다는 것이다.

이처럼 매클루언은 매체를 인간, 특히 감각과 지각에 연결시켜 파악하고 있으며 신문은 눈, 라디오는 귀, TV는 모든 감각기관의 확장이라고 보았다. 그에게 매체는 곧 메시지이며 한 시대의 주종을 이루는 매체는 그 시대의 사고방식이나 행동 양식, 즉 문화유형을 결정짓는 중요한 요인이다.

2) 새로운 매체는 인식의 변화를 낳는다 - 프리드리히 키틀러

독일의 매체이론가 프리드리히 키틀러(Friedrich Kittler, 1943~2011)는 앞서 소개한 마셜 매클루언의 논의를 더욱 발전시킨 학자다. 키틀러는 역사와 문화를 이끌어가는 동력을 매체로 규정하면서 매체가 인간의 의식을 결정한다는 기술 선험성을 강조하고 있다. 이는 유물론적 시각을 대표하는 개념으로 기술적 조건이 사회의 구조와 제도, 인간의 의식과 사유방식을 형성하는 조건이 된다는 것을 의미한다.

예를 들어 키틀러는 무더운 남부지방과 추운 북부지방 사람들의 태도와 문화가 다를 수밖에 없듯이 기술적 조건이 다른 사회의 문화와 의식

구조는 분명히 다를 수밖에 없다고 보았다. 기후가 그 지역 사람들의 생활습관과 삶의 방식을 결정하듯이 기술이 그 사회 구성원의 사회제도와 사유의 방식을 결정한다고 본 것이다.

키틀러는 그의 저서 《기록시스템 1800 · 1900》을 통해 기술매체가 역사의 결정적인 동력이며, 인간의 사유방식과 사회구조를 바꾸어놓는다고 강조한다. 그는 각 시대를 대표하는 매체들이 그 시대 인간의 사유방식과 인식체계, 더 나아가 사회문화적 구조에 영향을 미치고 있음을 밝혔으며, 각 시대마다 등장한 새로운 기술의 속성과 그 시대에 나타난 새로운 담론이 밀접하게 연관되어 있다고 주장했다. 키틀러는 정보의 저장과 유통을 가능하게 하는 매체의 기술적인 토대를 '기록시스템(Aufschreibe systeme)'이라 부르며, 이러한 기록시스템의 질적 변화에 따라 역사를 크게 두 시기, 즉 1800년대와 1900년대로 구분하고 있다.

키틀러는 1800년대에 나타난 기록시스템을 '낭만주의'라는 특징으로 구별한다. 그는 낭만주의의 특징적 현상이 자연과 여성에 대한 찬양이며, 이러한 특징은 이 시기의 기록시스템과 밀접히 연관되어 있다고 보았다. 키틀러는 1800년대에 정보를 저장하고 전달하는 중요한 기록시스템으로 '인쇄매체'를 들고 있으며, 이는 시학을 통해 가장 잘 표출되고 있다고 말한다. 그는 낭만주의 시학의 속성을 설명하기 위해 어머니의 음성과 언어를 강조하는데, 이는 어린아이가 성장한 후에도 영향을 미치며 아이들은 이후 책을 읽을 때 글자를 보는 것이 아니라 글자 속에 담겨 있는 내면의 목소리를 듣는다는 것이다. 이러한 낭만주의적 패러다임은 언어를 단순한 기호가 아닌 내면의 소리를 담은 정신적인 표현물로 간주하게 하며 소리와 이미지를 기록할 수 없었던 1800년대에 문자를 단순한 기호가 아닌 영혼과 실재, 상상을 모두 담아낼 수 있는 총체적인 기록수단으로서 인식하게 했다.

1800년대에 이어 기록시스템 1900년대는 이 시기에 새로 등장한 타자기, 축음기, 영화를 중심으로 이야기한다. 그는 문자, 소리, 이미지를 저장하고 유통시킬 수 있는 대표적인 기록시스템인 타자기, 축음기, 영화의 발달이 1900년대 인간의 인식과 사유방식에 커다란 영향을 미치고 있다고 보았다. 그는 이러한 아날로그 기록매체가 1800년대와 1900년대를 나누는 중요한 기준점이 되고 있음을 지적한다.

키틀러의 이론은 1800년대 낭만주의 시대에 글과 음성이 글을 쓰는 사람의 내면의 소리를 담고 있다는 생각이 지배적이라 보았다. 반면 1900년대에 등장한 타자기는 이러한 글자를 기계적으로 기록함으로써 인간의 의식체계를 내면으로부터 해방시키는 역할을, 축음기는 내면의 음성이 아닌 측정 가능한 물질로 파악하게 만드는 역할을, 영화는 움직이는 대상에 대한 기록을 가능하게 함으로써 가상적 이미지와 현실 사이의 경계를 모호하게 하는 역할을 담당한다고 보았다.

특히 그는 축음기를 통한 소리의 전달에 주목했다. 키틀러의 주장은 축음기를 통한 소리의 전달이 기존의 문자문화와는 완전히 다른 방식으로 사물을 인지하도록 한다는 것이다. 인쇄기술의 문자문화는 저자의 소리를 담을 수 없으므로 오로지 독자의 상상만으로 채워졌다. 하지만 문자와 더불어 소리를 듣게 됨으로써 시각 중심의 문자문화에서 상상해야 했던 목소리는 축음기를 통해 실재가 된다. 문자에서 음성을 제공하는 기술적 질서의 새로운 변화는 커뮤니케이션을 변형시키고 인간 의식의 구조마저 변화시킨다.

이렇듯 키틀러는 기록시스템 1800년대와 1900년대를 통해 새로운 매체가 등장함에 따라 인식의 변화가 밀접히 연관되어 나타남을 보여주고 있다. 소리와 이미지를 기록할 수 없었던 1800년대에 문자는 모든 정보를 저장할 수 있는 총체적인 기록수단으로 인식되었으며, 이 시기 예술은 모두 문자를 지향했다. 낭만주의 시대에 문자는 단순한 기호 이상의 의미, 즉 내면의 소리를 담아내는 기능을 담당했다.

이에 반해 1900년대에 등장한 타자기, 축음기, 영화는 낭만주의 시대 문자의 절대적인 가치를 완전히 해체했을 뿐만 아니라 음성, 이미지, 소리로 제시되는 각각의 정보 형식들을 엄격하게 분리하여 기록하기 시작했다. 더 나아가 키틀러는 1900년대에 등장한 새로운 매체들은 인간의 인식과 사유방식에도 커다란 영향을 미치고 있다고 주장한다. 즉 이 시기에 등장한 타자기, 축음기, 영화는 인간을 더 이상 영혼의 존재가 아닌 기계적인 메커니즘으로 파악함으로써 '인간'이라는 대상 자체에 대한 인식의 변화를 초래했다는 것이다.

키틀러는 디지털 시대에는 이러한 매체적 분리가 해체된다고 보았다. 디지털 기술의 특징은 여러 가지 분리된 매체를 하나로 통합하는 복합매체로서 아날로그 매체가 대중매체의 형태인 데 반해 디지털 매체는 개인용 컴퓨터와 태블릿PC, 1인 매체를 통해 복합적인 개인매체 문화를 형성한다. 이러한 복합매체로서의 컨버전스 현상은 오늘날 디지털 기술,

특히 뉴미디어로서 컴퓨터와 모바일의 등장이 밀접히 연관되어 있음을 설명하고 있다.

"매체가 곧 메시지"라는 매클루언의 말처럼 키틀러는 모든 커뮤니케이션이 커뮤니케이션 수단에 의존한다는 의미에서 물질성을 소통의 핵심으로 본다. 즉 매개가 다르면 전달내용도 달라지며, 기술에 따라 우리의 감각 비율도 달라진다는 것이다. 이러한 키틀러의 매체유물론은 인간의 역사를 매체의 역사로 전환하는 발상으로 21세기 새로운 인간학을 이야기한다.

키틀러의 관점에서 케이팝을 본다면 어떨까. 스마트폰으로 듣는 케이팝은 결국 기존의 매체와는 완전히 다른 소통의 방식이 작동함을 뜻한다.

3) 기술과 예술은 서로 영향을 주고받는 관계다 - 질베르 시몽동

매클루언과 키틀러의 기술매체론에 이어 기술과 사회의 관계를 해석한 학자는 바로 질베르 시몽동(Gilbert Simondon, 1924~1989)이다. 그는 소셜네트워크와 스마트 기기의 확산으로 변화하는 현대에서 인간과 기술의 관계에 대한 중요한 통찰을 던지고 있다. 시몽동은 《기술적 대상들의 존재양식에 대하여》와 《기술미학에 대한 성찰》이라는 두 권의 저서를 통해 '기술미학'이라 부를 수 있는 독자적 영역에 대한 이론을 내세우고 있다.

그는 기술적인 것과 미학적인 것이 서로 분리 불가능한 것임을 주장한다. 또한 감성과 미는 예술작품만이 아니라 기술적 대상에도 관여한다는 점을 강조한다. 시몽동은 기술과 인간의 관계는 오케스트라와 지휘자의 관계이며, 이것은 누군가에게 속해 있는 부차적 관계가 아니라 서로 영향을 주고받는 관계라 보았다. 지휘자는 오케스트라가 없으면 연주할 수 없듯이 기술이 없으면 인간의 예술 또한 표현할 수 없다는 것이다.

그 예로 시몽동은 에펠이 건설한 가라비 고가교를 든다. 시몽동에게 아치는 매우 중요한 사유의 모티프다. 아치는 기본적으로 양쪽에서 동시에 지어 올려서 마주쳐야 형성될 수 있다. 이러한 아치를 만드는 과정은 서로 소통하지 못했던 예술적 요소와 기술적 요소가 공존하면서 상호작용을 통해 새로운 구조물을 만드는 계기가 된다.

시몽동은 이를 '변환'이라 표현하며, 이 변환의 작용이야말로 기술미학적 생성 과정에서 핵심적인 것으로 보았다. 그가 강조하는 변환은 시몽동 고유의 개념으로서 불가능한 것 사이의 갈등을 공존과 소통을 통해 새로운 구조화로 해결하는 과정을 의미한다. 마치 두 망막 이미지가 제3의 새로운 차원에서 종합적 이미지를 나타내는 것과 흡사하다.

그의 저서 《기술적 대상들의 존재양식에 대하여》에 따르면 시몽동의 기술미학은 무엇보다 관조가 아니라 사용과 행위에 근거한다. 예술은 단지 관조의 대상이 아니라 어떤 형태의 행위라고 말한다. 예를 들어 망치 같은 연장을 사용할 때 사용자의 손과 신체가 직접 주고받는 망치, 못, 나무 사이의 강도 같은 지각적이면서 감각적인 직관이 피아노 건반을 두드리는 연주자의 경우에도 적용된다고 지적한다. 기술미학적 체험은 대상을 바라보는 것에서가 아니라 대상과 상호작용하는 행위자나 작동자의 신체적 감각에서 비롯한다는 것이다.

시몽동에 따르면 기술적 대상은 그 자체로 미학적 대상이 아니다. "경주용 말은 달릴 때, 장애물과 울타리를 뛰어넘을 때 아름답다. 수레를 끄는 말은 땅에 깊이 박힌 쟁기를 매달고 밭을 경작하고 있을 때 아름답다. 범선의 돛은 가만히 바닥에 놓여 있을 때가 아니라 바람을 맞으며 바다 위에서 범선을 실어 나르고 있을 때 아름답다"라고 말한다. 기술적 대상 역시 미학적 대상과 마찬가지로 언제나 아름다운 것이 아니라 자신과 어울리는 바탕을 만났을 때 진정한 아름다움을 표출한다고 보았다. 그는 이제까지의 전통적 이론과 달리, 대상과 주체의 분리가 아니라 유기체로서의 인간과 세계 사이의 상호작용적 관계 속에서 완성되는 행위와 조작성을 중요시한다.

질베르 시몽동은 "기술과 예술의 관계는 단지 기술적인 것도 아니고 단지 예술적인 것도 아닌, 기술과 예술이 서로 영향을 주고받는 상호작용적 관계"라고 표현한다. 그는 기술미학적 관점에 주목하고 '기술미학적 아름다움'을 표현할 수 있는 새로운 개념화를 요구한다. 이러한 시몽동의 시각은 오늘날의 기술과 예술이 융합된 시대를 규명해주는 개념이다. 포스트 코로나 이후 끊임없이 진화하는 예술과 기술의 만남은 시몽동의 기술미학적 아름다움을 가장 뚜렷하게 보여주는 사례라 하겠다.

3.
시대에 따른 매체 변화
– 청각에서 시각, 시각에서 통합감각으로

1) 축음기 시대

한국의 대중음악은 매체와 불가분의 관계를 갖는다. 그 이유는 한국 음악 장르의 분할과 '대중음악'이라는 범주의 확립이 축음기가 본격적으로 등장한 1930년대부터 시작되었다는 데서 찾을 수 있다.

'축음기'라는 매체가 도입될 당시 매체는 음악적 대상이나 장르를 구별하지 않았다. 당시 대중음악, 예술음악, 전통음악 등 모든 음악은 하나의 대상으로 존재했다. 그러나 대중음악이 자신의 분할영역을 구축해 간 것은 새로운 매체로서의 축음기가 그 영향력을 확장해나가기 시작하면서부터였으며, 예술음악과의 비교를 통한 대중음악의 비판 및 옹호론이 등장한 시점도 이와 같다.

음악을 기계에 담아낼 수 있다는 인식의 변혁은 그 자체로 놀라운

발견이었다. 발생과 동시에 사라지던 소리를 붙잡아 실린더나 디스크에 가둔 축음기는 죽은 자가 산 자에게 말을 걸 수도 있고, 시간의 흐름을 멈추게 할 수도 있는 인류 최초의 경험이었기 때문이다. 한국의 경우도 처음 축음기가 들어왔을 당시 축음기 처소를 설치한 후 신기해하는 사람들에게 돈을 받거나 호텔이나 역, 상점, 약국, 카페 등에 음악 감상용 기기를 배치해* 성공을 거둔 사람들이 생겨났다. 이것은 녹음매체가 대중의 인식에 큰 변화를 가져왔음을 보여준다.

* 1907년 축음기 광고를 보면 당시 축음기의 시청회가 열린 곳은 현재 종로에 있는 새문안교회 근처로 "서양 격치가가 발명한 축음기를 사서 들여와 봉상사 앞 113통 9호에 설치했는데 그 안에서 노래, 피리, 생황, 거문고가 연기하는 대로 나와서 완전히 연극장과 같으니 많이들 이곳으로 오셔서 완상하시오"라고 광고했음을 알 수 있다(1899년 3월 10일자 황성신문 기사).

녹음에 따른 산업과 음악의 변화

이렇듯 대중음악은 축음기로 대표되는 녹음기술의 등장으로 음악 산업에 커다란 변화를 가져온다. 다음은 음반의 등장으로 변화한 대중음악 산업의 네 가지 특징이다.

첫째, 과거 1회성에 그쳤던 공연장의 음악을 음반을 통해 반복해서 듣게 되었다는 점이다.

둘째, 음반의 등장으로 공연장을 찾지 않아도 원하는 때에 원하는 음악을 들을 수 있게 되었고 이로 인해 공간과 시간의 제약에서 자유로워졌다.

셋째, 음반의 등장으로 이제껏 돈 있는 사람만 들을 수 있었던 공연장과 달리 거리의 상점, 유흥 공간 등에서 음반을 틀면서 비록 돈이 없어도 누구나 쉽게 음악을 향유할 수 있었다.

넷째, 음반이 인기를 끌면서 악극 중심의 흥행 산업 시절에는 경험할 수 없었던 대중성이 이루어졌으며 이로 인해 가수들과 음악 산업은 과거와는 다른 사회적 지위와 수입을 얻기 시작했다.

이러한 음악 산업의 변화와 더불어 음악적 변화의 징후들도 나타났다.

첫째, 가장 큰 변화로는 바로 음반매체의 재생 시간이 3분 전후로 한정되면서 이전까지의 긴 곡들이 3분 전후의 길이로 맞춰진 점이다.

둘째, 연주기법의 변화를 들 수 있다. 기존의 실제 연주와 다른 스튜디오 환경으로 인해 현악기 연주자들은 불안한 음정을 감추기 위해 비브라토를, 가수들은 기교를 발달시키기 시작했다. 정확한 음정을 내는 데 익숙하지 않았던 연주자들은 불안한 음고를 감추기 위해 비브라토를 훨씬 요란하게 낸 것이다.

셋째, 3분이라는 기술적 제약을 통해 형식의 틀을 만들어냈다. 작곡자들은 3분이라는 시간을 가장 효과적으로 연주하기 위해 3분 범위에서 가장 안정적인 AA′BA 형식의 노래들을 만들어내게 되었다. 적당한 빠르기의 AA′BA 형식은 대략 3분 전후의 재생 시간 동안 매우 안정된 형식으로 음악을 들려줄 수 있었으며 1920년대에 확립된 이 기법은 대중음악을 넘어 동요, 민요, 가곡 등에 걸쳐 오늘날까지 광범위하게 사용되어왔다.

넷째, 인기 장르의 변화를 가져왔다. 음반은 상업적 매체로 어떤 콘텐츠로 구성할 것인가를 결정하는 데 당대 대중의 기호를 적극적으로 반영해야 한다. 소비자의 구매 욕구를 얼마나 자극하는가에 따라 매체의 존속 여부가 결정되므로 축음기 음반에 수용된 문화콘텐츠는 당대 대중이 선호하는 유행물일 수밖에 없다.

음반이 등장하기 전 전통적으로 고전 시가사의 중심에는 가사와 시조가 있었다. 이 중 가사는 생산과 소비가 분리되지 않았다는 점에서 상업적 목적으로 생산되는 축음기 음반에 적합한 장르가 아니었다. 이에 비해 잡가와 판소리는 그 길이나 유연성 면에서 음반 수용이 용이했다. 잡가집과 축음기 음반이 새로운 소통 매체로 등장하면서 시조는 주변 장르로 밀려난다. 대신 그 자리를 차지한 것이 필사본 가집에서는 주변 장르였던 잡가와 판소리였으며 실제 축음기 음반에서 가장 큰 인기를 누린 것은 바로 대중음악, 즉 유행가였다.

이렇듯 기술매체의 등장은 대중의 인식 변화를 낳으며 산업적 변화와 음악적 변화를 동시에 가져다주고 있음을 알 수 있다.

이러한 포노그래프 효과(녹음이 음악에 미치는 효과)는 음악가와 음악을 듣는 행위, 음악 수용자, 그리고 음악 자체를 바꾸었다. 축음기의 발명을 두고 독일의 매체이론가 키틀러는 낭만주의 시대 문자의 절대적 가치를 해체한 경험으로 보았다. 음성으로 제시되는 음악을 기계에 담아 소리내기 시작하면서 축음기가 인간의 인식과 감각방식에 커다란 영향을 미쳤다고 본 것이다. 키틀러는 축음기의 등장이 음악에 미친 영향을 크게 두 가지로 보았다. 첫째, 인간을 더 이상 '영혼의 존재'가 아닌 '기계적인 메커니즘으로 파악할 수 있는 대상'으로 인식하게 했고 둘째, 진동을 통해 소리를 기록할 수 있게 되면서 내면의 음성이 아닌 음악을 측정 가능한 물질로 파악하게 되었다는 것이 큰 변화라고 주장한다.

따라서 유행하는 노래 형식들이 유행가와 함께 전이하는 과정은 음악 자체의 변화라기보다는 음악 매체화의 변화라고 할 수 있다. 한국의 대중음악사에서 볼 수 있는 유행가의 전형성은 이러한 외재적 매체성을 내재화한 결과라고 보는 것이 타당하다.

2) 라디오 시대

음반과 라디오가 등장하기 전 대중이 음악을 접한 지배적 경험은 악극 형태의 공연이나 주변인이 직접 부르는 노래였다. 그러나 음반이 등장한 이후 대부분의 음악은 음반과 라디오에서 나왔으며, 대중의 눈앞에서 펼쳐지는 소리가 아닌 음반과 라디오 매체에서 전달되었다. 이는 대중의 모든 감각을 이용해 듣던 기존의 형태에서 귀로만 듣는 청각 형태로 전환되었음을 의미한다.

대중은 음반과 라디오를 통해 감각의 커다란 변화를 맞게 된다. 일상의 노래를 모든 감각기관을 이용해 듣던 경험에서 라디오의 등장으로 오로지 귀로만 듣는 청각 세계를 경험하게 되었기 때문이다. 음반과 달리 라디오는 노래와 이야기를 듣게 된다는 점에서 청각에 더욱 집중하게 된다. 노래와 더불어 듣게 되는 출연자의 이야기는 청취자 본인을 위한 이야기 같은 착각을 불러일으키며, 이러한 경험은 청각에 더욱 의존하게 하는 계기를 만든다. 또한 라디오는 대중에게 새로운 감수성을 형성하는 데 중요한 구실을 하게 된다. 다음의 기사는 20세기 초반 라디오의 등장이 신세대와 구세대의 감수성 충돌뿐 아니라 지역에 따른 문화적 차이도 가져왔음을 알 수 있다.

> *경성방송국에서는 2중 방송을 실시한 이래, 조선 사람 측 라디오 청취자가 점점 증가되어 15일 현재로 5,420호나 되는데 이와 같이 많은 청취자 가운데는 직업별로도 가지각색으로 망라되었지마는 더욱이 과도기 조선의 현상으로 볼 수 있는 안테나를 통해 일어나는 신구사상 충돌의 사실이 있음을 발견하게 되었다. 수많은 청취자로부터 매일 희망 혹은 불평을 열거하여 투서가 여러 장씩 오게 되는데 한 집안 가족으로서도 늙은 아버지는 신식 유행가는 듣기 싫으니 고래의 조선노래를 많이 들려다오. 혹은 양악은 도무지 모르겠으니 가야금 같은 것을 많이 들려다오 하는 반면 젊은 아들로부터는 케케묵은 예*

전 조선노래는 듣기 싫으니 신식 유행가를 들려다오. 가야금 같은 시대 늦은 악기는 듣기 싫으니 최신식 양악을 들려주오 하는 등 신구충돌과 또는 지방별로도 왜 남도노래만 많이 하고 서도노래는 적게 들려주느냐 하는 서도지방의 불평과 또 그 반대로 남도지방에서는 왜 수심가만 많이 하고 남도노래는 적게 들려주느냐 하는 등 불평 희망 등의 투서가 자꾸 들어옴으로 방송국 프로그램 편집부에서도 그 조절을 맞추는 데 여간 힘드는 바가 아니라 한다.

-"신구사상이 안테나서 충돌", 〈조선일보〉, 1933년 12월 17일자

〈조선일보〉 1933년 12월 17일자에 실린 이 기사의 제목은 "신구사상이 안테나서 충돌"이다. 인용문을 통해 알 수 있듯이 청취자가 보낸 투서내용을 통해 이때부터 이미 세대의 취향은 분화되었고, 세대 간의 문화적 차이 또한 있었음을 알 수 있다.

1927년 경성방송국으로부터 시작한 한국의 라디오 방송은 그전까지와 다른 감각의 변화를 가져왔다. 라디오의 경우 동시간대에 정보를 전달하고 수신하는 미디어로 전국을 단일 시간권으로 통일했으며 같은 시간대, 같은 정보를 공유하는 일종의 공동체를 형성했다. 장소는 다르지만 자신과 비슷한 음악을 좋아한다는 것만으로도 사람들은 동질감과 연대감을 느꼈으며, 이와는 반대로 다른 취향을 가진 사람들을 자신과 구분하는 일종의 '구별 짓기'로 표출되었다.

많은 사람들은 라디오를 통해 동시에 동일한 정보를 접하므로 공동의 기억을 형성할 수 있으며, 이로 인해 같은 기억을 소유한 사람들이 동일한 사회의 구성원이라는 의식을 형성하게 되었다. 즉, 라디오에서 흘러

나오는 음악을 통해 취향 공동체와 정서적 공동체를 느낄 수 있었다.

이러한 초기의 라디오는 한국전쟁 이후 점차 안정을 되찾아 1960년대에 들어서면서 주도적인 매체가 된다. 1961년 문화방송을 시작으로 1963년 동아방송, 1964년 라디오서울이 개국했으며, KBS라디오 위주에서 다양한 라디오 방송국이 등장하면서 대중의 선택권은 확대되었다. 라디오의 음악 방송 형태는 크게 세 가지로 나뉠 수 있는데 KBS는 '건전가요'를, 민영방송은 '유행가'를, 그리고 AFKN은 '팝송'을 주로 들려주었다.

이 시기 라디오에서 가장 주요한 프로그램은 전문 DJ가 진행하는 '디스크 쇼'라는 포맷이었다. 이는 라디오 음악방송의 지배적 형식이 무대에서 음반으로 변화했다는 것을 보여주었다. 이 중 1964년 동아방송에서 최동욱이 진행을 맡아 시작한 〈탑툰쇼〉는 높은 인기를 기록한 프로그램으로, 각 방송국은 DJ들을 영입해 청취율 경쟁에 나서기도 했다. 〈별이 빛나는 밤에〉, 〈밤을 잊은 그대〉 등의 인기에서 볼 수 있듯 DJ들은 프로그램의 성패를 좌우하면서 인기를 더해갔으며 라디오 음악 프로그램들은 '공개방송'을 편성해 방송무대를 마련하기도 했다.

한국방송으로 변신한 국영방송 KBS는 정부 시책을 공보하는 역할을 수행하면서 전속악단과 전속가수를 선발해 새로운 음악을 전파하는 노력을 시작했다. 당시 라디오 음악방송은 기존에 녹음된 음반이 아니라 새롭게 녹음한 음원으로 방송하는 것이 양적 · 질적으로 중요했는데, 그 결과 방송은 하나의 무대로 인식되어 '방송무대'라는 용어가 사용되기도 했다.

3) 텔레비전 시대

라디오로 대표되는 듣는 감각의 시대는 이후 텔레비전이 주요 매체가 되면서 변화를 맞는다. 텔레비전은 보는 감각을 가능케 한 아날로그 시대의 신매체로, 이 매체의 등장을 통해 청각 중심의 문화가 시각 중심의 문화로 바뀌게 된다.

텔레비전은 라디오보다 청중에게 음악이 진행되는 현장에 있다는 느낌을 훨씬 실감나게 제공하므로 스타의 노래를 '듣는 것'뿐만 아니라 '보는 것'을 중요하게 만들었다. 엘비스 프레슬리가 미국의 전국적 스타가 되고, 비틀스와 롤링스톤스가 영국의 문화적인 현상이 되며, 조용필 같은 가수가 한국의 스타로 등장한 것은 이러한 텔레비전의 영향이 지대하다.

컬러TV의 탄생, 그 이후

특히 컬러TV의 등장은 한국 사회의 일상적 생활에서 획기적인 감각의 변화를 가져왔다는 점에서 주목할 만하다. 무엇보다 흑백에서 컬러로의 전이는 단지 기술발전과 진화에만 관련된 것이 아니라 이를 통한 감

각 자체의 변화와 밀접한 연관이 있다.

1980년대 초 컬러TV는 이전의 흑백TV와는 다른 감각의 장을 마련했다. 흑백에서 컬러라는 매체 기능의 변화는 특히 미디어와 현실과의 관계라는 측면에서 설명될 수 있다. 즉 흑백의 세계가 '텔레비전은 현실의 무엇을 드러내는가?'라는 형상화에 집중되어 있었다면, 1980년대에 등장한 컬러TV는 '현실과 얼마만큼 흡사하게 현실로 드러내는가?'라는 측면에서 관점의 전이가 일어났다. 달리 말하면 컬러TV가 등장하기까지 항상 주목되었던 것은 현실을 형상화한 것, 즉 '무엇인가 텔레비전을 통해 보여진다'라는 것 자체가 관심의 대상이었지만 컬러TV 등장 이후에는 '어떤 대상이 어떻게, 얼마나 사실적인가?'를 감각하게 된 것이다.

1980년 12월 1일 한국에 컬러TV가 등장하고, 12월 말에는 각 방송사 프로그램이 80% 이상 컬러로 바뀌면서 이러한 현상은 두드러진다. 흑백 화면에 길들여져 있던 대다수 한국의 시청자는 충격적인 색채의 혁명을 경험하게 되면서 극장들이 문을 닫게 될 것이라는 분석이 나올 정도였다고 한다. 도입 초기 컬러TV의 영향은 산업적인 면을 넘어 일반적인 생활 전반에도 '컬러화'라는 신조류를 만들어내며 생산과 소비를 모두 변화시켰다.

이러한 감각의 변화는 이후 연예오락 프로그램, 그중에서도 특히 음악 관련 프로그램들에서 변화를 나타냈다. 가장 큰 변화는 바로 '생방송화를 통한 생동감'으로, 텔레비전 음악방송이 라이브 콘서트를 대체하면서 컬러TV 속 음악 프로그램이 현실보다 더 리얼한 생동감을 구현했으며, 이를 통해 시각적 감각 변화의 장을 마련했다.

텔레비전이 바꾼 대중음악의 변화

청각에서 시각으로의 변화를 이끈 텔레비전 시대는 대중이 음악을 '보는' 것으로 인식하면서 대중음악의 많은 변화를 이끌었다. TV에 등장하는 가수들의 춤은 곧 유행으로 이어졌고, 노래만큼이나 비주얼에 관심을 두는 쪽으로 대중음악이 재편되기 시작했다. 그런 점에서 1980년대의 대중음악계는 10대 소녀를 대상으로 하는 남성가수(전영록, 박남정 등), 20대 남성을 대상으로 하는 여성가수(김완선 등), 도시의 소비 중년을 겨냥하는 트로트 가수(주현미, 문희옥, 현철 등)로 구성되었으며 그 모든 세대와 장르를 아우르는 조용필의 인기는 절대적이었다. 당시 큰 인기를 끌었던 조용필의 국민적 인기는 이러한 '보는' 매체로의 환경에 적절히 적응한 결과이기도 했다.

이처럼 한국 대중음악 산업에서 텔레비전의 영향력은 막강했다. 독자성을 구축하지 못한 대중음악의 특성상 가수와 제작자들은 텔레비전에 스스로를 맞춰야 했고, 이러한 매체화에 따라 대중음악은 점점 보는 음악으로 변해갔다. 라디오의 대중음악이 대부분 사연을 담은, 혹은 자신의 에피소드를 떠올릴 수 있는 음악이라면 텔레비전은 하나의 종합예술이었다. 즉 다양한 춤과 무대 퍼포먼스, 노래를 부르는 가수, 그들의 의상이 어우러져 하나의 음악이 된다는 점에서 대중음악은 텔레비전과 따로 떼어놓고 설명하기 어려워졌다.

1980년대 당시의 대중음악계는 이른바 '팝송'이라 불린 외국의 히트곡들과 팝스타 및 밴드들의 영향력이나 인기가 최고조로 달한 시기였다. 1980년대 새로운 문화를 대변하는 매체인 MTV가 1981년 개국하면서 듣는 음악에서 보는 음악으로의 획기적인 변화는 더욱 가속화되었고, 한국의 대중음악계 역시 그 영향력에서 자유로울 수 없었다. 가수의 노래와 악단 연주를 중심으로 구성된 TV 쇼 프로그램은 주말 황금시간대에 편성되어 높은 시청률을 기록했다.

동양방송의 〈쇼쇼쇼〉와 문화방송의 〈토요일 토요일 밤에〉는 1970년대를 대표하는 TV 쇼 프로그램으로, 연출을 맡은 쇼 PD는 음반으로 녹음된 음악을 전송하는 중개자를 넘어 자신이 연출한 공연을 녹화한 음악 텍스트의 제작자였다. 당시 유명 쇼 PD들이 방송국 활동에 머물지 않고 극장 쇼나 살롱 쇼의 연출을 맡았다는 사실은 방송과 무대가 구분되지 않은 당시 상황을 설명해준다. 이렇듯 방송매체는 무대나 음반에 비해 정치적 · 도덕적 영향을 받았으며, 그 영향력 또한 컸다. 1980년대 초 팝 음악계는 댄스 뮤직과 뉴웨이브 뮤직의 시대라고 볼 수 있었으며, 한국의 경우 이러한 팝송의 영향력 아래 대중음악시장 또한 세분화되고 다양화되었다.

이러한 현상은 아날로그 시대의 대중음악이 텔레비전 매체에 의해 대중에게 전달된 것과 관계가 있다. 라디오, 음반과 달리 보는 음악으로서 존재했던 컬러TV는 다양한 음악 장르를 프로그램에 담고자 했으며 그 결과 발라드(이선희, 조용필, 이문세 등)뿐만 아니라 록(이승철, 들국화 등)과 댄스(김완선, 소방차, 서태지와 아이들 등) 등도 고루 사랑받았다.

4) 인터넷PC, 스마트폰 시대

인터넷PC, 스마트폰 같은 디지털 매체의 발전은 이전 시대와 달리 새로운 사회적 상호작용을 가능하게 하면서 인간의 정보전달 방식뿐 아니라 감각 방식에도 변화를 일으켰다. 텔레비전 시대에서 디지털 시대로의 전이는 '핫 미디어'에서 '쿨 미디어'로의 전이이며, 인간의 내재된 감각 방식의 전이라 할 수 있다. 이는 시각에서 통합감각적인 시대로의 전이를 상징한다. 즉, 스마트폰 같은 디지털 매체를 이용하면서 대중은 통합적 지각체험과 정보를 인식할 수 있게 되었다.

실제로 디지털 기술은 개인의 일상적인 편리함뿐 아니라 몸의 느낌과 사고방식, 의사소통 방식을 급격히 바꾸어놓았다. 실제로 스마트폰, 컴퓨터, 디지털TV 등과 같은 일상의 기기들을 디지털 양식으로 사용하는 데는 많은 기술이 필요한 것이 아니다. 기성세대에 비해 젊은 세대들

이 디지털 매체를 쉽게 수용하는 것은 사용 능력이 탁월해서가 아니라 그들의 몸에 훨씬 편하기 때문이다. 이는 디지털 문화가 기술만이 아닌 몸의 감수성 문제라는 것을 증명한다. 즉, 디지털 기술이 기술적인 사용의 변화만이 아닌 그것을 사용하는 사람들의 감수성도 바꾸어놓았다는 사실이다.

스마트폰이 바꾼 대중의 변화

스마트폰의 경우 세대별로 사용하는 것이 다르며 특히 10대들에게는 게임과 정보, 동영상, 음악 등 모든 것이 가능한 총체적인 문화 소비품으로 자리했다. 이모티콘을 주고받는 데 익숙한 이들에게는 새로운 감각과 감정의 소통을 만드는 매개체가 스마트폰이기 때문이다. 기존의 휴대전화가 청각과 시각 중심으로의 감각 전환을 이끌었다면, 스마트폰은 한 걸음 더 나아가 촉각 인터페이스의 구현을 통해 청각, 시각, 촉각 등 통합 감각 양식으로 변화하게 했다.

스마트폰은 이러한 감각 양식의 변화에만 그치지 않았다. 스마트폰의 앱은 말 그대로 인간의 '보철'로 기능한다는 점에서 매클루언의 '인간의 확장'을 다른 차원에서 구현하고 있다. 예를 들어, 우리가 스마트폰에서 자주 사용하는 증강현실 앱은 카메라 렌즈를 통해 보는 실재 위에 모바일 인터넷망을 통해 제공받는 정보 층위를 덧붙여 우리 눈이 볼 수 없었던 새로운 현실, 즉 증강현실을 제공한다. 또한 위치기반 앱은 우리의 주위 환경을 끊임없이 모니터링하며 우리의 감각기관 역할을 대신하고 있다.

이처럼 아날로그 시대의 텔레비전 매체는 시각을 강조했지만, 디지털 시대의 스마트폰과 인터넷PC는 눈에 집중되었던 인간의 감각 능력을 통합적 감각으로 변화시켰다. 즉 영상 정보, 음향 정보뿐만 아니라 문자 정보도 함께 인식하게 되면서 우리의 감각 경험 일반에 변화를 가져왔다.

이렇듯 매체의 전환은 통합감각으로의 변화뿐 아니라 나아가 인간의 확장을 이끈다. 이제까지 인간의 확장을 가능하게 하는 매체가 지속적으로 발전하기는 했지만, 2000년 이후처럼 개인 사이의 미시적 수준으로까지 매체가 확산되고 보편화된 적은 없었다. 직접적인 면대면 커뮤니케이션이 여전히 이상적인 대화양식으로 간주되고 있지만, 최근에 들어와서는 절대적이던 면대면 커뮤니케이션이 하나의 선택 가능한 옵션으로 전락했기 때문이다.

이처럼 인터넷은 인간의 상호작용을 극도로 확대했으며, 케이팝 또한 스마트폰 시대의 이동성으로 인해 더욱 진화되었다. 면대면 커뮤니케이션 대신 SNS를 통해 알지 못하는 누군가, 혹은 전 지구적 범위에서 수백수천 명과 대화하는 역설적 상황이 가능해졌기 때문이다.

Ⅳ

디지털 시대로의 대전환

소비는 언제나 기술에 의해 매개되고 형성된다. 대중음악의 출현 자체가 녹음기술로 시작되었다는 점은 기술이 대중음악에 결정적 요인이라는 것을 입증한다. 문화변동의 근본적인 동인은 언제나 기술 변동이라는 사실이다.

특히 케이팝은 21세기 이후 본격적인 디지털 전환(digital transformation)을 통해 글로벌 팝이 되었다. 증기기관이 산업혁명을 통해 자본주의 문화를 태동시켰고, 디지털 기술이 케이팝 문화를 낳은 것처럼 문화와 기술은 동전의 양면 같은 구조다.

디지털 시대로의 대전환은 유튜브와 페이스북, 트위터 등의 소셜 미디어를 통한 소통을 가능하게 했으며, 빅데이터와 인공지능을 통해 케이팝에 날개를 달아주었다. 언제 어디서든 무료로 음악을 들을 수 있는 플랫폼의 확산은 주류 미디어에서 케이팝을 소개해주지 않더라도 팬들이 직접 음악을 접할 수 있게 만들었다.

1.
디지털 전환에 따른 변화

4차 산업혁명 확산에 따라 사회 곳곳에는 디지털 전환의 바람이 불고 있다. 사회 변화에 가장 빠르게 대처하는 대중문화의 특성상 케이팝 또한 디지털 기술을 받아들이고 내재화하여 변화했고 그 결과는 성공적이었다. 케이팝은 사물인터넷(IoT), 클라우드 컴퓨팅, 인공지능(AI), 빅데이터 등으로 대변되는 디지털 기술을 적용해 전통적인 대중음악 시스템을 혁신했고 지금도 끊임없이 변신을 꾀하고 있다. 이것은 기존의 운영 방식 대신 새로운 비즈니스 모델을 제시하는 것으로, 케이팝이 디지털 기술을 토대로 세계시장에서 성공한 것과는 또 다른 제2의 도약을 뜻한다.

디지털 기술을 발 빠르게 받아들이고 응용하여 새로운 비즈니스 모델을 만들었던 케이팝은 '새로운 시대'의 '새로운 음악'이 되고자 했다. 네트워크의 발달로 인해 전 세계 누구나 무료로 음악을 들을 수 있고 음악을 변형시켜 자신만의 음악을 만들 수 있는 시대, 소셜 미디어를 통해 수용자도 얼마든지 아티스트에게 영향을 줄 수 있는 시대, 전 세계 어느 곳이든 누구나 원할 때면 장소, 시간, 장르에 구애받지 않고 음악을 듣고 생산할 수 있는 시대, 듣고 보는 음악을 넘어 누르고 작동시키고 촬영해 올리는 체감형 소비의 시대, 빅데이터를 활용해 자신만의 음악을 추출할 수 있는 시대, 직접 찾아가지 않아도 온라인으로 나만의 콘서트를 즐길 수 있는 시대. 이것이 케이팝 열풍을 가능하게 했던 4차 산업혁명의 디지털 전환이다.

디지털 전환, 사회, 그리고 문화

한 사회가 디지털 전환이 된다는 것은 몇 가지 점에서 중요한 변화를 나타낸다.

첫째, 물리적 시공간이 중시되던 사회에서 가상의 네트워크 사회로 전환하고 있다는 사실이다. 이제 사람들은 인터넷을 통해 언제 어디서든 세계 곳곳에서 발생하는 뉴스와 정보를 확인하고, 자신의 취향에 따라 다양하게 정보를 검색할 수 있다. 대부분의 인터넷 쇼핑몰에서는 원하는 상품을 입체적으로 감상할 수 있는 영상 서비스를 제공하고 있고, 멀티플렉스 영화관 사이트에서는 상영관과 좌석 위치를 3D 화면으로 보여준다. 디지털 시대는 시간과 공간에 대한 의존도를 점차 감소시키면서 마침내 장소 자체를 구현하는 경지에 도달했다.

둘째, 디지털 전환 이후 사회는 일방적인 정보전달에서 상호작용적인 정보이용 구조로 변화했다. 신문과 방송 등 매스미디어 중심의 소통구조에서 인터넷을 중심으로 한 쌍방향적 · 다면적 커뮤니케이션 구조로 변화하면서 열린 정보공간 속에서 다양한 의견이 개진되고, 사이버 공간에서 각종 모임과 동아리 등 공동체 문화가 활발하게 복원되고 있다.

이처럼 디지털의 대표적인 특성 중 하나인 상호작용성은 미래 사회를 이해하는 핵심 키워드다. 송신자와 수신자 간의 구분이 희미해지는 상호작용 시대에는 정보의 성격과 기능에도 변화가 발생한다. 이용자가 선택하고 싶은 매체환경을 제공하고, 개인과 조직의 의사소통에 걸리는 시간을 획기적으로 단축시켜준다. 따라서 네트워크를 통해 연결된 매체 이용자는 시간과 공간의 제약에 크게 구애받지 않고 디지털 정보를 자유롭게 전송할 수 있으며, 결과적으로 매체의 쌍방향성과 상호작용성을 구현할 수 있게 된다.

셋째, 사회에 디지털 매체가 보편화되면서 나타나는 현상 중 하나는 바로 접속으로 인한 연결성이다. 스마트폰은 우리의 일상생활과 사회관계를 변화시키며 언제 어디서든 소통 가능한 환경을 만들었다. 이러한 환경은 우리의 일상에서 미시적이고 친교적인 커뮤니케이션의 확대를 가져왔다. 전통적인 친밀성이 관계의 '깊이'에서 비롯된 것이었다면 요즘 시대의 친밀성은 관계의 '빈번함'에서 나온다. 이들에게 스마트폰은 외부 세계와 연결된 끈이자 소통의 창으로 존재한다.

이들은 스마트폰을 통해 자신과 비슷한 취향의 사이트에서 음악을 듣거나 퍼 나르고 트위터나 블로그, 페이스북에 '좋아요'를 누르며 자신의 취향을 공감한다. 스마트폰은 이러한 소소한 친교적 커뮤니케이션을 가능하게 한다.

넷째, 디지털화를 통한 또 하나의 변화는 수평적 관계로의 변화다. 디지털 매체의 쌍방향성은 수동적이던 수용자의 방식을 전면적으로 바꾸어놓았다. 가장 큰 변화는 관객 또는 관찰자라는 말 대신 '사용자(user)'라는 용어의 등장이다. 보고 느끼는 수동적인 관객이 아니라 그것을 적극적으로 이용하는 '사용자', 즉 프로슈머가 등장한 것이다. 이러한 프로슈머는 '프로페셔널'과 '컨슈머', 혹은 '프로듀서'와 '컨슈머'의 합성어로 자신이 선호하는 콘텐츠에 깊이 관여하고 있어 향유는 물론 생산 과정에도 직접 참여해 콘텐츠를 생산 · 공유하는 사람들이다.

이들은 자신에게 전달된 지식과 정보를 활용해 이용자 콘텐츠를 만드는 데 그치지 않고 소셜 미디어를 통해 그것을 적극적으로 '유통'시킴으로써 자신을 드러내고자 한다. 이는 수용자의 자율성이 늘어나고 식자율의 증가와 1인당 소득의 증가로 인해 단순한 미디어 소비자 이상의 능력을 갖춘 프로슈머가 많아졌음을 의미한다.

특히 2000년 이후 이들의 성장은 다양한 콘텐츠를 언제 어디서 어떻게 소비하는가에 관해 과거와는 다른 수준의 통제력을 보여준다. 능동적 수용자는 디지털 매체를 활용하여 더욱 적극적으로 개입하며, 다른 수용자가 음악과 만나는 중요한 매개 역할을 하게 된다.

다섯째, 지금까지 최종생산물의 형태로 대중음악 수용자에게 도달했던 음악은 디지털 기술이 도입되면서 더 이상 완결된 형태를 유지할 수 없게 된다. 창작된 '작품'으로서 음악이 가졌던 절대적 지위는 디지털화되면서 하나의 소스이자 정보로 자리매김하게 된다. 말 그대로 기술력을 바탕으로 수용자에 의해 특정 부분이 전체 곡으로부터 편집되거나 새로운 음원으로 만들어지기도 하고, 이메일의 특색 있는 편지지로 만들거나 배경음악으로 삽입되기도 한다.

마지막으로 기술의 변화는 언제나 인기 장르에 영향을 준다. 음악의 자유로운 편집과 수용자와의 상호작용을 가능하게 한 디지털 기술은 1인 녹음시스템을 본격화했으며, 힙합의 영역을 확장할 수 있는 기반이 되었다. 또한 글로벌 수용자와의 상호작용을 가능하게 하면서 케이팝이 전 세계로 뻗어갈 수 있는 지평을 마련했다. 기술의 변화는 또 다른 장르의 변화를 낳으며 매체 감각화와 음악 본연의 매체화를 통해 영향을 주고받는다.

이처럼 케이팝은 시대적 변화 속에서 디지털 기술을 전면적으로 수용했다. 유행가라는 음악의 특성상 가장 최신의 것을 가장 빠르게 받아들일 수 있는 디지털 전환은 '완벽보다는 속도를 중시'하고, '직관적인 시각 이미지'를 중요하게 여기며, '내가 원하는 시간과 공간에서 즉시' 실행되는 세상이다.

2.
디지털 기술의 정의와 특징

1) 디지털 기술의 정의

디지털 기술이란 영상, 음성, 데이터 등 서로 다른 정보의 유형을 '디지털 신호'라는 단일한 신호처리 방식에 따라 통합적으로 처리 · 전송 · 표시하는 기술을 뜻한다. 마치 서로 다른 나라의 언어를 쓰던 사람들이 하나의 언어를 가지게 되면서 의사소통이 가능해진 것과 같은 이치다. 이처럼 디지털은 멀티미디어에서 한 걸음 진보한 개념으로, 디지털망을 통해 네트워크로 연결됨으로써 미디어 시스템에 연결된 사람들이 다양한 정보를 서로 유통할 수 있다는 것을 특징으로 한다.

'네트워크'를 통해 상호 연결된 미디어 이용자는 시간과 공간의 제약에 크게 구애받지 않고 디지털 기술로 전환된 상이한 양식의 정보를 자유롭게 전송할 수 있다. 디지털 신호와 네트워크를 사용해 커뮤니케이션 환경을 제공한다는 점에서 디지털 매체는 '멀티미디어'의 개념과 비교할 수 있다.

아날로그 기술은 정보를 특정한 '전파'로 바꿔서 전달하는 방식을 말한다. 이렇게 바뀐 전파는 안테나를 통해 멀리 떨어진 텔레비전이나 라디오 같은 특정한 기기에 전달되어 다시 영상이나 소리로 바뀌어 재현되거나 특정한 매체에 의해 재생된다. 아날로그는 이 과정에서 원래의 것과 유사하지만 똑같지 않은 형태로 내용이 손실되며, 과정을 여러 차례 거칠수록 손실은 더욱 심해진다.

그러나 디지털 기술의 경우 모든 정보는 전파가 아닌 0과 1의 조합으로 이루어진 이진법 숫자로 변환한 후 저장된다. 이 과정에서 변환 데이터를 다른 매체로 몇 번 옮기더라도 정보에는 손실이 일어나지 않는다. 아날로그 시대와는 달리 이미지, 소리, 언어 등 모든 것이 0과 1의 똑같은 시스템으로 변환되므로 결합, 응용이 손쉬워졌다.

이러한 대표적 예로 MP3 파일을 들 수 있다. MP3 파일의 가장 중요한 특성은 '비경쟁적 자원'이라는 점이다. 아무리 이용해도 고갈되지 않으며, 그것을 나눈다 해도 손상을 입지 않는다. 다운로드받는 것은 다른 사람의 노래 파일을 이용하거나 가져오는 것이 아니라 '복사'하는 것이다. MP3 파일은 주어진 소리를 나타내는 0과 1의 집합체로 복사하면 똑같이 0과 1의 배열이 만들어진다. 카세트테이프를 복사하면 원본과는 다른 음질을 경험하지만, MP3의 경우 원본과 구별하기 불가능할 정도로 똑같은 음질을 유지한다.

이처럼 디지털 기술은 20세기 후반의 컴퓨터 기술과 반도체 기술, 그리고 정보통신 기술의 급속한 발달을 배경으로 등장했다. 특히 디지털 압축 · 전송 · 저장 기술의 혁신을 중요한 기술적 토대로 삼고 있다는 점에서 이전 시기의 뉴미디어와 구별된다. 디지털 기술은 다양한 정보유형을 통합적으로 처리할 뿐만 아니라 하나의 매체를 통해 모든 것을 해결할 수 있음을 뜻한다.

그 대표적 매체인 스마트폰은 하나의 미디어를 통해 신문기사도 읽고 텔레비전도 시청하고 지구 반대편에 있는 친구와 대화를 나눌 수도 있다. 디지털 기술이 네트워크로 연결된 커뮤니케이션 환경을 구현하기 때문이다. 따라서 디지털 기술은 통합적인 정보매체로서의 멀티미디어를 이끌 뿐 아니라 상호작용적인 네트워크 기술을 통해 미디어환경을 적용하는 것으로 정의할 수 있다.

2) 디지털 기술의 특징

디지털 기술의 특징은 크게 네 가지로 나눌 수 있으며, 그 특성은 다음과 같다.

첫째, 디지털 기술은 통합성을 갖는다.

디지털의 0과 1의 상징성은 아날로그 시대에 불가능했던 각각의 영역을 매끄럽게 통합할 수 있다는 장점을 갖는다. 프로그래밍을 통해 조작할 수 있는 디지털화는 모든 미디어의 외형적 특성을 없애고 정보를 0과 1이라는 비트의 형식으로 표현할 수 있게 해준다는 점에서 미디어들의 매끄러운 통합을 가능케 해주는 가장 중요한 과정이다. 휴대폰과 MP3,

사진기를 각각 따로 들고 다니던 시대에서 이 모든 것을 스마트폰 하나로 조작 가능하며 서로의 영역을 자유롭게 넘나들 수 있다는 데서 진정한 멀티미디어화라 하겠다.

둘째, 디지털 기술은 융합이 손쉬운 특성을 갖는다.

디지털 기술의 발전에 힘입어 디지털 위성방송과 디지털 케이블 TV, 디지털 지상파 TV, 지상파 DAB(Digital Audio Broadcasting) 등 새로운 디지털 방송 매체를 통해 다양한 데이터방송 서비스가 이루어지고 있는 것도 같은 맥락이다. 특히 디지털화에 따라 방송과 통신기술의 융합 현상이 가속화되면서 관련 산업 간의 결합 현상도 더욱 뚜렷해지는 양상을 보인다.

미디어 융합 현상은 정보의 수용자가 중심이 되는 미디어환경을 조성함으로써 기존의 수동적인 수용자 개념을 능동적이고 정보추구적인 수용자 개념으로 변화시킨다. 수용자는 디지털 매체의 상호작용적 · 쌍방향적 기능을 이용하여 방송 프로그램의 창작과 보급에 직접 참여할 수 있게 된다. 앨빈 토플러가 지칭했듯이 디지털 시대의 수용자는 '생비자'(생산자 겸 소비자)로서의 특성을 갖는다. 이러한 특성을 가진 개인은 정보를 대량으로 방출하는 매스미디어보다 정보의 홍수 속에서 꼭 필요한 정보를 찾아주는 검색기능이 발달한 개인형 미디어를 필요로 한다.

셋째, 디지털 기술은 상호연결성을 갖고 있다.

상호연결이란 물리적 · 사회적으로 단일한 정보 수용자가 네트워크를 통해 다른 사람들과 서로 관계를 가지게 되는 상태를 의미한다. 따라서 네트워크는 상호연결을 위해 필수이며, 상호연결성을 '네트워크성'이라 부르기도 한다.

이러한 네트워크성은 이용자 간의 동등한 상호적 관계와 상호작용성을 구현하게 한다. 상호작용성과 상호연결성은 서로 밀접하게 연결되어 있으며, 특히 디지털 기술을 이용한 뉴미디어의 쌍방향성은 상호연결과 밀접한 관계를 가지고 있다. 미디어의 상호연결은 상호접속과 표준화를 통해 상이한 미디어 시스템 간의 정보교환이 자유로워지는 것을 말한다. 과거 방송매체의 경우 정보 수용자와 방송국은 서로 연결되어 있지만 상호적인 관계가 아니었다. 이와 달리 디지털 매체들은 정보 수용자와 정보원 간의 상호적 관계를 보장할 뿐 아니라 다른 사람들과 유기적으로 상호연결될 수 있도록 인터페이스를 제공한다. 특히 대용량의 정보를 한꺼번에 전송하는 정보전달기술이 발달할수록 상호연결성은 증가한다. 전자미디어에 의해 상호연결된 개인은 타인과 새로운 관계를 만들거나 가상의 네트워크, 즉 전자공동체를 형성하기도 한다. 디지털 매체가 대인간 사회적 관계를 재구성한다는 논리는 이러한 상호연결적 기능에 기초한다.

최근 페이스북이나 트위터 등과 같은 디지털 매체 환경에서 개인은 시공간의 제약을 벗어남으로써 물리적으로 가깝지 않은 타인과도 1차적인 관계를 유지할 수 있을 뿐 아니라 새로운 2차적 관계를 만들어나갈 수 있다. 디지털 매체가 발달한다는 것은 현실공간 이외에 사이버스페이스라는 새로운 공간이 생겨남을 의미한다.

미국의 매체이론가 헨리 젠킨스는 수용자 간의 긴밀한 상호작용을 통해 '참여 군중' 혹은 '집단 지성'으로서의 새로운 지식 커뮤니티가 형성되는 것에 주목했다. 그 대표적인 예로 사용자에 의해 업그레이드되고 있는 '위키백과'나 '2017년 광화문 촛불집회'를 들 수 있다. 이는 온라인상의 불특정 다수 간의 상호작용을 통해 참여 군중의 형태로 나타났으며, 이러한 현상은 사회구조 전체의 패러다임에 커다란 변화를 초래하고 있다.

넷째, 디지털 기술은 원본의 변형 가능성을 갖는다.

디지털 기술이란 데이터를 0과 1의 두 가지 상태로만 생성 · 저장 · 처리하는 전자기술로 음성, 문자, 동영상을 불문하고 모두 0과 1의 조합으로 표현하므로 아날로그 매체에서는 이질적이어서 결합이 불가능해 보였던 것을 모두 동일한 신호로 인식하고 저장할 수 있는 특징을 가진다. 즉 다양한 신호를 조금도 건드리지 않고 있는 그대로 저장 · 전달하는 것을 기본원칙으로 하는 아날로그 신호체계와 달리, 디지털 매체에서는 영상, 소리, 문자신호들을 2개의 숫자, 즉 0과 1의 조합으로 인식하므로 마음대로 수정 · 가공 · 결합 · 전송 · 저장 · 배포할 수 있다. 이러한 변형 가능성은 디지털화의 가장 큰 특성으로 꼽을 수 있다.

이러한 특성은 음반 녹음의 경우 두드러지게 나타난다. 다른 장르에 비해 비교적 빨리 디지털화된 음반 녹음은 디지털 기술이 모든 자료를 비트 단위로 저장하므로 간단한 조작을 통해서도 변형이 가능하며, 음성 또한 얼마든지 변형할 수 있다. 예를 들어 사투리 억양이 심하게 남아 있는 가수의 음색을 완전히 표준말 억양으로 변형시킬 수도 있다. 아날로그 녹음 방식으로는 완전히 불가능했던 디지털 기술의 변형 가능성은 대중음악의 성격 자체를 근본적으로 바꾸어놓았다.

이렇듯 디지털 기술의 특성 네 가지는 통합성, 융합 가능성, 상호연결성, 원본의 변형 가능성을 들 수 있다.

3) 디지털 기술의 장점

디지털 기술은 이러한 특성을 바탕으로 기존의 불가능한 세계를 가능케 한다는 데서 아날로그 시대와 다른 장점을 갖는다.

첫째, 디지털 신호를 사용해 이질적인 정보 및 신호의 유형을 통합하는 커뮤니케이션 환경을 제공한다.

둘째, 네트워크로 연결해 해당 시스템에 연결된 사람들이 다양한 정보를 서로 유통할 수 있게 해준다.

셋째, 이용자의 선택적 기호에 부응하는 매체환경을 제공하고, 개인과 조직의 의사소통에 걸리는 시간을 획기적으로 단축시켜준다. 한마디로 이용자는 시간과 공간의 제약에 구애받지 않고 디지털 정보를 전송할 수 있으며, 결과적으로 매체의 쌍방향성과 상호작용성을 구현할 수 있게 된다.

이처럼 시간과 공간의 자유, 매체의 쌍방향성, 상호작용성을 가능하게 한 디지털 기술은 21세기 들어 본격적인 디지털 전환(digital transformation)를 통해 기존의 산업을 전면적으로 변화시킨다.

3.
케이팝과 디지털 기술의 관계

코리안팝의 시작은 기술매체의 발달과 함께 시작되었다. 역사적으로 기술의 발달은 콘텐츠 산업의 제작, 배급, 소비 등에 막대한 지형 변화를 일으켜왔으며, 대중문화를 글로벌 산업으로 자리매김하는 데 핵심적인 기반을 마련해왔다. 그 대표적인 예로 축음기를 탄생시킨 녹음기술은 이전까지 '소리로만 존재하던 음악'을 '유통할 수 있는 음악'으로 탈바꿈시켰다.

녹음의 출현은 음악 관행에 영향을 주었을 뿐 아니라 대중이 음악에 대해 생각하는 방식을 바꾸어놓았다. 음악의 현장성은 여전히 중요하지만 녹음기술을 통해 그러한 현장을 반복적으로 경험하는 청중을 만들어냄으로써 전문적 청중, 진정한 마니아를 배출해냈다. 또한 녹음기술은 몇몇 개인만 들었던 특정연주를 대량으로 유통할 수 있게 했다. 음색과 톤, 리듬의 개성 같은 음악적 특성은 녹음으로 인해 선율과 화성이 음표로 저장되는 것만큼이나 효과적으로 저장될 수 있었다. 특히 악보를 보고 연주되는 음악이 아니었던 블루스와 재즈가 전 세계적으로 영향력을 미친 데는 이러한 레코딩이 결정적인 요인으로 작용한다.

이렇듯 20세기 녹음기술은 대중에게 큰 충격을 주었다. 그러나 21세기 음악에 나타난 디지털의 충격은 이를 뛰어넘는 경험과 인식을 가져다준 사건이었다. 이것은 대중의 감각 변화뿐 아니라 사고를 바꾸었고, 21세기의 케이팝을 탄생시켰다. 케이팝은 테크놀로지와 밀접하며 기술 매체의 발달과 함께 진화한다는 측면에서 기술과 인간, 인간과 케이팝의 상관성이 밀접하다고 보기 때문이다.

특히 케이팝의 주 향유자인 청소년은 이러한 디지털 기술에 더욱 민감하게 반응하며 온몸으로 체화하고 습득한다. 그들의 달라진 감각과 인식은 음악의 취향을 바꾸며, 이를 즐기는 방식 또한 더욱 편리하게 변화시킨다. 이러한 감각의 변화는 곧 기성세대와의 구별 짓기로 표현되며, 자신들만의 개성을 표현하는 수단으로 음악을 수용 · 선택하게 된다. 시대를 거슬러 케이팝의 인기는 이러한 대중의 감각과 인식이 변화하는 데 대한 결과이며, 철저히 외부적 요인의 영향을 받는다.

특히 현대로 올수록 대중의 감각과 인식을 결정하는 요소 중에서 기술의 영향이 가장 크다. 대중음악에서 음악의 생산 · 소비 · 유통의 디지털화는 음악 상품으로서 성격을 규정한 동시에 케이팝을 세계적인 팝으로 만든 중요한 동인이다.

V
케이팝 산업: 생산의 변화

1. 리듬 분절화와 악곡 형식의 변화
2. 융합의 보편화 현상
3. 인스턴트 사랑 가사와 영어의 증가
4. 유쾌한 음악 모드로의 변화
5. 가상악기 발달과 작곡의 개념 변화

케이팝의 역사란 끊임없이 새로운 음악을 추구하는 주 향유층의 감각과 인식의 변화이자 이러한 변화를 이끌고자 하는 생산자들과의 교감이다. 이러한 점에서 음악 생산의 변화는 한 시대의 대중음악을 이해하는 데 더없이 중요하며, 그 흐름의 향방이 결국 한 시대를 이해하는 계기로 작용한다.

2000년 이후 더욱 빨라진 네트워크와 스마트폰의 영향은 대중의 감각을 다채롭게 변화시켰다. 달라진 감각에 맞추고자 하는 생산자들의 노력은 음악의 속도 선호 현상을 낳았으며, 이를 통해 케이팝의 기준비트와 주 멜로디 리듬의 변화, 글로벌화를 통한 영어 가사와 악곡 형식의 변화로 이어졌다.

1.
리듬 분절화와 악곡 형식의 변화

21세기 이후 개인 미디어가 급격히 발달하면서 대중은 인터넷PC와 스마트폰을 통해 모든 것을 빠른 속도로 소비하게 되었다. 하루에도 끊임없이 업데이트되는 SNS와 인터넷의 빠른 환경 속에서 대중의 감각은 변했고, 이를 통해 대중은 빠른 속도에 익숙해졌다. 이러한 속도 선호 현상은 케이팝의 리듬과 장르 전반에 변화를 가져오게 된다.

1) 빨라진 리듬과 분절화 현상

2000년 이후 대중이 빠른 속도를 선호하게 되면서 나타난 양상 첫 번째는 '빨라진 리듬감'이다. 빠른 리듬감은 음악의 기준이 되는 비트*로

* 박자의 단위. 비트는 1마디 안에 몇 개의 음표가 들어가는가 하는 의미로, 예를 들어 8비트라 함은 1마디 안에 8개의 음표, 즉 8분음표 8개가 1마디의 기준이 되는 음악을 뜻한다.

표현된다. 음악의 베이스가 되는 비트는 시대에 따라 변화를 나타내며, 실제로 음악의 비트는 디지털 시기로 넘어오면서 훨씬 빨라진 양상을 볼 수 있다. 시대가 흐를수록 대중음악의 기본 비트는 8비트에서 16비트로, 16비트에서 32비트로 점점 빨라져갔다.

이러한 비트는 멜로디의 리듬과 상관없이 곡의 전체적인 감각을 결정한다. 느린 발라드라 하더라도 기본 반주가 아날로그 시대의 8비트가 아닌 16비트에 얹어진다면 음악의 모드는 훨씬 경쾌하고 감각적으로 느껴지기 때문이다. 21세기 케이팝의 리듬은 이전에 비해 16분음표의 사용이 많아졌으며, 댄스나 힙합 장르와 같이 빠른 비트의 곡이 인기를 끌게 되었다.

21세기 대중이 빠른 속도를 선호하게 되면서 나타난 두 번째 양상은 '음악의 분절화'를 꼽을 수 있다. 대중은 하나의 음을 끌거나 진지하게 반응하는 리듬 형태보다 리듬을 빠르게 분할해서 표현하는 분절적 리듬을 감각적이라 느꼈기 때문이다. 여기서 분절은 '하나의 음을 여러 개의 리듬으로 분할하는 것'을 뜻한다. 대부분의 멜로디는 아날로그 시기에 비해 확연히 빨라졌으며, 16분음표로 나눠지거나 하나의 음을 계속적으로 분절하는 양상이 눈에 띄게 증가했다. 이러한 분절 양상은 반복적 선율과 혼합되면서 후크송의 등장을 낳았다.

2000년 이전에는 리듬의 분절이 거의 없었던 것과 달리 디지털 2기인 2010년대는 5마디 이상 리듬의 분절화를 보인 곡이 확연히 증가함을 알 수 있었다. 다음의 〈그림 5〉는 대중음악에 나타난 시기별 분절의 추이다.

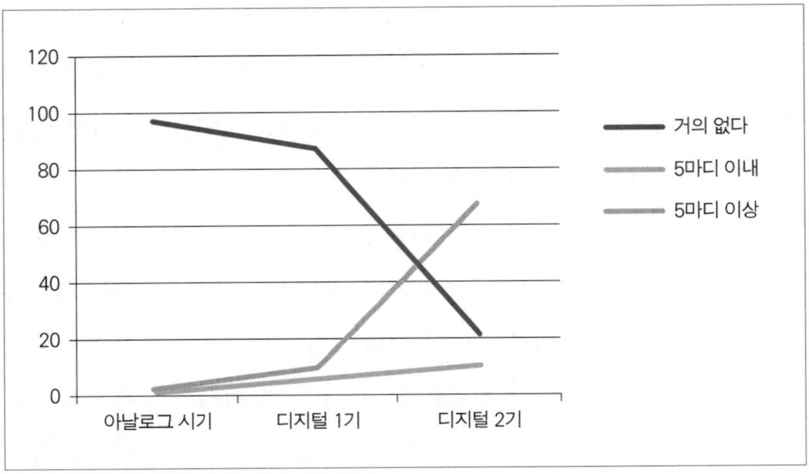

〈그림 5〉 시기별 분절 추이

위 그래프에서 볼 수 있듯 하나의 음을 여러 음절로 쪼개는 현상은 디지털 2기인 2010년대에 현격하게 나타난다. 과거 1980년대에는 ♩=4분음표 위주(○=♩♩♩♩) 혹은 간혹 ♪=8분음표의 곡(○=♪♪♪♪♪♪♪♪)이 대부분을 차지한 데 반해 디지털 2기로 들어서면서 16분음표로 분할되는 양상(○=♬♬♬♬♬♬♬♬)이 확연히 증가하는 것을 볼 수 있었다. 이는 대중의 빨라진 감각과 더불어 분절화를 보여주는 사례로 상징할 수 있다.

음악의 분절화 사례

다음은 아날로그 시대의 악보와 디지털 시대의 악보를 비교한 사례다. 먼저 〈그림 6〉과 〈그림 7〉은 아날로그 시대인 1980년대 인기곡이었던 함중아의 〈내게도 사랑이〉와 1990년대 소리새의 〈바위섬〉이다. 〈그림 8〉과 〈그림 9〉는 디지털 시대인 2014년 빅뱅의 멤버인 태양의 〈눈, 코, 입〉, 2010년 티아라의 〈너 때문에 미쳐〉의 악보다.

〈그림 6〉 아날로그 시기의 악보 1: 〈내게도 사랑이〉

〈그림 7〉 아날로그 시기의 악보 2: 〈바위섬〉

〈그림 8〉 디지털 시기의 악보 1: 〈눈, 코, 입〉

〈그림 9〉 디지털 시기의 악보 2: 〈너 때문에 미쳐〉

위의 악보에서 볼 수 있듯 아날로그 시대의 곡들은 대부분 4분음표나 8분음표를 모티프로 하는 리듬 요소가 많다. 그러나 디지털 시대에 올수록 많은 곡들이 16분음표로 빠르게 표현되거나 한 음을 계속적으로 분절 · 반복하는 형태로 나타난다. 이것은 힙합의 리듬적 요소와 디지털의 빨라진 속도감이 영향을 준 양상으로, 댄스와 발라드에 이르기까지 다양한 장르로 확장되는 모습을 보여준다.

특히 이제까지 느린 템포로 일관했던 발라드가 눈에 띄게 달라졌다. 발라드의 템포는 디지털 시대에 와서 전체적으로 빨라졌으며, 음악의 비트도 상당히 분화되었다. 또한 발라드의 멜로디가 느린 패턴인 경우도 이것을 표현하는 반주의 리듬이 상대적으로 분절화되면서 같은 곡이지만 감각적으로 들리는 효과를 낳는다.

이는 디지털 시대의 악보를 통해서도 확인할 수 있다. 위의 〈그림 9〉에서 나타나듯 B♭의 음을 계속적으로 분절해 전체 곡을 끌고나가거나 〈그림 8〉과 같이 16분음표가 끊임없이 나오면서 한 음의 분절로 나타나는 현상을 알 수 있다.

이처럼 시대에 따른 음악의 분절효과는 2010년대로 갈수록 뚜렷하게 나타나는 것을 알 수 있다. 하나의 음을 끊임없이 분할하거나 멜로디의 중독을 유발하는 반복 양상이 거의 없었던 아날로그의 리듬 형태에서 디지털 1기를 거쳐 디지털 2기로 들어서면 분절 양상이 더욱 빈번하

게 나타난다. 특히 아이돌 음악에서 뚜렷하게 보이는 이러한 분절 양상은 후킹 효과와 더불어 빠른 비트감으로 나타난다. 반복적이면서도 빠르게 분절되는 리듬의 양상은 이 시대의 감각적 변화를 나타낸다는 측면에서 21세기의 음악적 특징으로 구분할 수 있다.

2000년 이전 대부분의 솔로곡에서는 분절 현상을 거의 발견하지 못한다. 그러나 2010년대로 갈수록 빠른 비트와 분절 현상이 눈에 띄게 등장하며, 특히 아이돌 음악에서 이러한 양상이 뚜렷하게 나타나는 것을 알 수 있다. 이러한 결과는 빠른 속도감과 짧은 단위의 분절적 감각에 익숙해진 수용자의 변화이자 반복적이고 자극적인 음악을 만들고자 하는 공급자의 필요가 맞아떨어지면서 나타난 현상이다.

가사 분절에 따른 감각 변화

이 같은 분절 현상은 2000년 이후에 들어서면서 리듬뿐만 아니라

〈표 2〉 가사 분절의 사례

너 때문에 미쳐 티아라(2010) 봐도 봐도 봐도 내가 봐도 봐도 보고싶어 너 땜에 온종일 미쳐 내 영혼 마저 미쳐 꽂혀 꽂혀 꽂혀 내가 너에게로 꽂혀 꽂혀 끌리는 내몸이 꽂혀 너땜에 내가 미쳐 (중략) oh! oh! oh! oh! oh! oh! oh! oh! 철없게 철없게 철없게 철없게 철없게 철없게 살다가 미쳐 (×2) da da da da da da da da da da da da da da da da da da sexy shadow

〈표 3〉 가사 반복의 사례

Electric Shock 에프엑스(2012) 전 전 전류들이 몸을 타고 흘러 다녀 / 기 기 기절할 듯 아슬아슬 찌릿찌릿 충 충 충분해 네 사랑이 과분해 / 격 격 격하게 날 아끼는 거 다 알아 (중략) Nanananananana (Electric) Nanananananana (Electric) Nanananananana E-E-E-Electric Shock
ㅋ 장기하와 얼굴들(2016) 너는 쿨쿨 자나봐 / 문을 쿵쿵 두드리고 싶지만 어두컴컴한 밤이라 / 문자로 콕콕콕콕콕콕 찍어서 보낸다 (중략) 크크크크 크크 크크 크크 크크 / 큰 걸 바라지는 않았어 맘맘맘마 맘마 맘마 맘마 맘맘 / 말 같은 말 해주길 바랬어 ㅋㅋㅋㅋ ㅋㅋ ㅋㅋ ㅋㅋ ㅋㅋ / 빵 터진 것보다야 나은가 ㅋㅋㅋ도 ㅋㅋ도 아닌 한 글자에 / 눈물 콸콸콸콸콸콸콸

가사에서도 나타난다. 위의 〈표 2〉는 디지털 시대에 나타난 가사 분절의 예다.

위의 가사를 살펴보면 "봐도 봐도 봐도 내가 봐도 봐도 보고 싶어", "철없게 철없게 철없게 철없게 철없게 철없게 살다가 미쳐", "맘맘맘마 맘마 맘마 맘마 맘맘 / 말 같은 말 해주길 바랬어"처럼 같은 단어를 계속 반복하거나 "기 기 기절할 듯", "크크크크 크크 크크 크크 크크 / 큰 걸 바라지는 않았어", "E-E-E-Electric Shock"처럼 하나의 단어를 짧게 끊어 표현하는 분절 양상이 나타난다. 이러한 가사의 경우 앞뒤 문맥이 맞지 않거나 어색하며 반복적인 중독효과로 나타난다. 또한 가사의 내용보다는 퍼포먼스를 이끌어내고 그 느낌을 증폭시키는 역할을 한다는 점에서 가사의 변이를 낳는다.

가사 분절의 사례가 대다수 댄스곡에서 많이 이루어진 데 반해 〈표 3〉에 나타난 장기하와 얼굴들의 〈ㅋ〉의 경우 록임에도 불구하고 위트 있는 가사로 '쿨쿨', '쿵쿵', '크크크크', 'ㅋㅋㅋㅋ', '콕콕콕콕' 등 의태어와 의성어를 반복적으로 사용함으로써 가사의 감각을 극대화했다.

위의 사례에서 볼 수 있듯 이러한 분절과 반복되는 가사는 의미를 전달하기보다는 멜로디에 잘 어울리는 분위기로 표현되어 있다. 힙합의 라임과도 같은 이러한 대구적 가사는 아이돌의 댄스음악에서 시작해 2010년 이후로 갈수록 다른 장르로 확산되었다. 이러한 분절과 축약, 문맥에 맞지 않는 가사는 청소년들의 직관적 표현에 맞추고자 하는 생산자들의 노력이자 감각적인 표현이라 할 수 있다.

2)1분 듣기와 스트리밍으로 인한 악곡 형식의 변화

하나의 정보를 찾기 위해 고민하고 해결한 아날로그 시대에 비해 네트워크화를 토대로 모든 정보가 공유되는 디지털 시대는 매클루언의 말대로 컴퓨터를 통해 인간의 중추신경망을 외재화하는 데 성공한 시대다. 매클루언은 컴퓨터를 사용하지 않는 인간보다 컴퓨터를 통해 자신을 확장한 인간은 그의 두개골 밖에 두뇌를 가지고 있으며, 그의 피부 위에 중추신경망을 지니고 있다고 예견했다. 그는 지금의 21세기를 예견한 학자로, 전자적으로 연결된 세상을 인간의 확장 마지막 단계라고 보았다.

그의 예견대로 이러한 접속과 소비의 시대는 대중음악까지 새롭게 변화시킨다. 1990년대 후반부터 나타난 인터넷 매체의 등장은 그전까지의 PC 개념과는 완전히 다른 형태를 보인다. CD라는 음반 형태에서 MP3 음원으로의 변화는 음악 산업 전체를 흔들었으며, 그중에서도 MP3의 다운로드에서 나타나는 '1분 듣기'와 유튜브의 '무료 듣기'는 형식의 변화를 이끌었다. 특히 2010년대 이후 음악 향유자의 50%를 차지하는 스트리밍의 활성화는 이러한 악곡의 형식 변화를 가속화시켰다.

'1분 듣기'란 다운로드를 하기 전에 미리 들어볼 수 있는 음악 맛보기의 형태로, 수용자는 1분 듣기를 통해 음악을 먼저 들어본 뒤 선택한다. 아날로그 시대 음반 가게에서 실물 형태의 CD를 통해 경험했던 음악

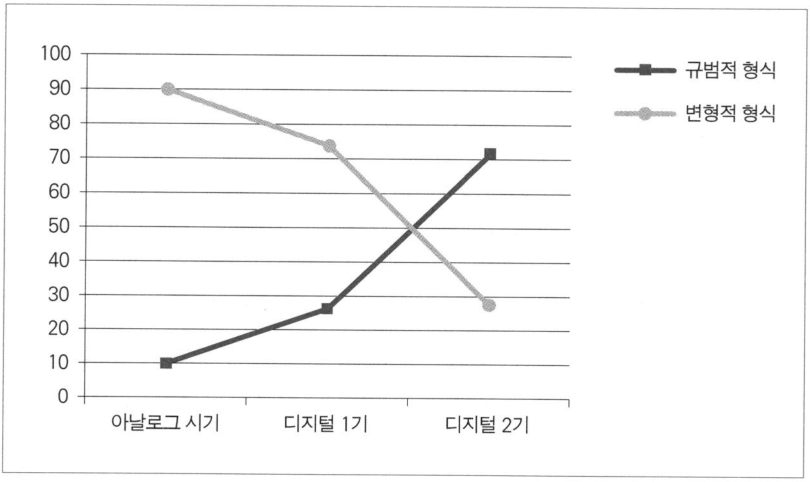

〈그림 10〉 악곡 형식의 변화

이 아니라 인터넷이나 MP3 플레이어, 스마트폰을 통해 무형의 음원 형태로 다운받는 MP3는 패키지 중심이 아닌 한 곡 단위의 음원으로 음악 시장이 재편되는 효과를 낳았다. 1분 안에 최대한 많은 것을 보여주어야 대중의 구매를 이끌어낼 수 있는 1분 듣기의 구조는 생산자들로 하여금 그 안에 모든 것을 보여주고자 하는 욕망을 낳았다. 그 결과 작곡할 때부터 이러한 1분 듣기를 염두에 두고 형식의 변이가 나타난다.

위의 〈그림 10〉은 1980년부터 2018년까지 300곡을 대상으로 한 악곡 형식의 변화를 나타낸 표다. 그 결과 대중음악의 악곡 형식은 아날로그 시대의 '전주-1절-후렴-간주-2절'이라는 '규범적 형식'에서 디지털 2기로 갈수록 '후렴-1절-후렴-간주-2절' 혹은 '1절-후렴-간주-2절'과 같이 후렴이 앞으로 등장하는 후렴 선행이나 전주가 없는 형태, 랩이 먼저 등장하는 등 '변형적 형식'을 띠고 있음을 알 수 있다.

이것을 음악 형식의 구조로 나타내면 아날로그 시대의 'A-A′-B-A′' 형태에서 디지털 2기로 갈수록 후렴이 앞에 등장하는 'B-A-A′-B-A′' 형태 혹은 전주가 없는 음악 형태가 나타나기도 했다. 특히 후렴의 선행은 2010년 이후 집중적으로 늘어남을 볼 수 있다. 이러한 각각의 음악 형식을 구체적 사례로 살펴보면 다음과 같다.

대중음악의 음악 형식인 'A-A′-B-A' 형태는 미국에서 시작되어 오늘날까지 대중음악의 상당수를 차지하고 있는 대표적인 음악 형식으로, 한국의 대중음악들은 이러한 형식에서 크게 벗어나지 않는 형태를 보인다. 그러나 디지털 1기인 2000년대를 거쳐 디지털 2기인 2010년대로 들어서면 이러한 음악 형식은 완전히 다른 양상을 보인다.

〈표 4〉 아날로그 시기의 음악 형식: AA′BA′

형식	바위섬(김원중, 1984)
전주	8마디
A(1절)	파도가 부서지는 바위섬 인적 없던 이곳에 세상 사람들 하나둘 모여들더니
A′(1절)	어느 밤 폭풍우에 휘말려 모두 사라지고 남은 것은 바위섬과 흰 파도라네
B(후렴)	바위섬 너는 내가 미워도 나는 너를 너무 사랑해 다시 태어나지 못해도 너를 사랑해
A′(1절)	이제는 갈매기도 떠나고 아무도 없지만 나는 이곳 바위섬에 살고 싶어라

〈표 5〉 디지털 1기의 변형된 음악 형식: BAA′BA′

형식	Nobody(원더걸스, 2008)
B(후렴)	I want nobody nobody but you I want nobody nobody but you 난 다른 사람은 싫어 니가 아니면 싫어 I want nobody nobody nobody nobody
A(1절)	난 싫은데 왜 날 밀어내려고 하니 자꾸 내 말은 듣지 않고 왜 이렇게 다른 남자에게 날 보내려 하니 어떻게 이러니
A′(1절)	날 위해 그렇단 그 말 넌 부족하다는 그 말 이젠 그만해 넌 나를 알잖아 왜 원하지도 않는 걸 강요해
B(후렴)	I want nobody nobody but you I want nobody nobody but you 난 다른 사람은 싫어 니가 아니면 싫어 I want nobody nobody nobody nobody
A′(1절)	I don't want nobody body body I don't want nobody body body 나는 정말 니가 아니면 니가 아니면 싫단 말야~ (후략)

그 대표적인 예인 〈표 5〉 원더걸스의 〈Nobody〉는 음악의 시작과 동시에 후렴구(B)를 보여준다. 2000년대 이전 대부분의 곡이 전주와 함께 1절이 시작된 것과 달리 이 시기의 많은 곡은 후렴구가 등장하고 1절이 나타나는 B-A-A′-B-A′의 형태를 띠게 된다. 이것은 MP3의 구매방식인 1분 듣기나 스트리밍이 많아지면서 나타난 현상으로, 가장 본격적인 멜로디인 후렴구를 앞에 배치함으로써 수용자에게 선택받고자 하는 음악의 형식 변화라 할 수 있다.

이것은 수용자가 1분 동안 음악을 듣고 구매 여부를 결정해야 하므로 공급자 입장에서는 가장 핵심 부분인 후렴구를 앞에 놓아 곡의 매력을 보여주려고 한 것이다. 이러한 현상은 무제한 음악을 들을 수 있는 스트리밍이나 유튜브로 인해 더욱 가속화된다.

음악의 앞부분만 듣고 선택하는 음악 선곡 양상은 '악곡 형식'에 이어 '전주'도 변화시킨다. 1980년대 음악에서 전주시간은 보통 30초 이상

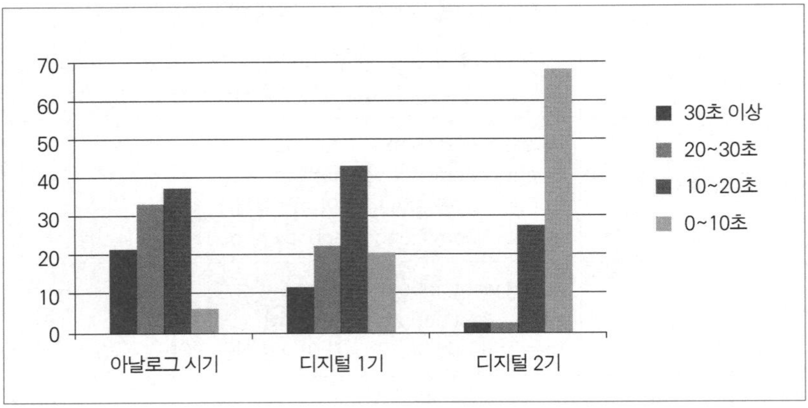

〈그림 11〉 시기별 전주의 길이

이거나 20~30초 사이였다. 그러나 디지털 1기인 2000년대를 지나 디지털 2기인 2010년대에 들어서면 전주시간은 대부분 10초를 넘지 않게 줄어드는 현상을 볼 수 있다. 위의 〈그림 11〉에서 나타난 바와 같이 전주시간이 30초 이상인 노래 혹은 20~30초인 노래는 급격히 줄어들고 10초 이하의 짧은 전주를 가진 곡들이 많아진다. 이것은 1분 듣기의 변화에 맞춰 매체화하는 양상이자 주요 매체의 변화에 따라 대중음악이 스스로 변화하고 있음을 증명하는 자료라 하겠다.

이러한 음악의 매체화 현상은 기존의 A-A′-B-A′ 형식을 2010년대 이후로 갈수록 후렴을 맨 앞으로 끌어낸 B-A-A′-B-A′ 순서로 가거나 혹은 전주 없이 바로 1절로 들어가거나 전주에 랩을 넣는 형태로 변화시켰다. 또한 대중음악에 나타난 전주의 길이는 2010년 이후부터 더욱 짧아지는 양상을 보였다. 이는 1분 동안 음악의 가장 포인트 부분을 들려줌으로써 대중의 선택을 받고자 하는 매체화 현상으로, 음악 산업 마케팅의 영향이라 할 수 있다.

2.
융합의 보편화 현상

1) 디지털화에 따른 장르의 융합화

21세기에 나타난 감각 변화는 융합의 보편화 현상이라 할 수 있다. 스마트폰 사용은 다른 기술과 영역 간의 흐름을 하나로 묶어주는 가장 대표적인 융합매체로 작용한다. 스마트폰 자체가 이러한 디지털의 컨버전스 현상을 압축적으로 보여주므로 카메라, MP3, 컴퓨터, TV를 담을 수 있는 기술적 변화는 결국 감각의 변화를 야기했다. 스마트폰의 경험은 기술로만 존재했던 융합을 넘어 실제 생활 속에서 직접 써보고 경험하면서 자연스러운 하나의 현상으로 감각하게 했다. 과거 아날로그 시대에는 보기 어려웠던 장르 간의 접목이나 가수의 교류 등을 대중음악 산업에서도 볼 수 있는 환경을 마련했다.

이러한 다양한 융합 현상을 가능하게 한 핵심적인 요인은 '디지털화'라고 할 수 있다. 여기서 디지털화란 텍스트, 동영상, 비디오, 그래픽 등과 같은 모든 정보를 0과 1이라는 이진수의 조합으로 표기함으로써 서로 다른 요소들의 융합을 가능하게 하는 기술적 장치를 의미한다. 디지털 시대는 타 매체와의 호환이 매우 적합한 기술적 특징을 가지고 있으며, 이는 매체 간 또는 장르 간 구분이 희미해지고 경계가 사라지는 경향으로 나타난다.

디지털 기술이 발전하기 전인 아날로그 시대의 경우 음성, 텍스트, 영상 등과 같은 모든 정보는 각각의 정보에 따른 매체를 통해서만 전달되었으며, 각각의 매체들은 다른 매체들과 독립성을 유지하며 존재했다. 즉 아날로그 시대의 모든 정보는 글자는 종이에, 영상은 필름에, 음성은 녹음테이프에 저장하는 식으로 각기 다른 저장 방식을 필요로 했으며 인쇄기, 카메라, 녹음기 등 별도의 기계를 통해서만 재생될 수 있었다. 그러나 모든 정보가 디지털화하면서 영상, 음성, 텍스트를 자유롭게 조합할 수 있는 형태로 바뀌어간다.

디지털 데이터의 가장 중요한 특성은 종류에 상관없이 일단 디지털화되면 모두 같은 방식으로 저장된다는 점이다. 이러한 정보처리의 단일성과 편리성은 원본 복제가 완벽하게 가능함과 동시에 같은 조건에서 융합과 통합이 손쉽다는 특징을 갖는다. 아날로그와 달리 디지털 콘텐츠는 변형 과정에서 내용 손실이 거의 없이 압축 가능하며, 이러한 변화는 사회 모든 영역에 영향을 미친다.

이러한 감각 변화는 대중음악의 향유 방식으로 연결된다. 디지털 시대의 문화 논리가 새로운 이유는 과거와 급진적으로 단절하는 새로움에 있다기보다는 이러한 혼합 과정에서 나타나는 요소들과의 변화된 감각에 있다.

2) 가수 간 융합 현상의 증가

21세기 융합 현상은 음악 산업에서도 눈에 띄게 나타난다. 기술매체 간의 융합은 음악의 여러 요소 간의 결합뿐 아니라 이제까지 터부시되었던 가수의 결합을 가능하게 했다. 아날로그 시대의 가수의 결합이란 간혹 특집 프로그램에서나 볼 수 있는 특별한 현상으로, 힘의 매체인 지상파 방송국에서나 가능한 일이었다. 일시적인 결합의 하나였던 특집 양상이 이루어진다 해도 힘의 매체인 지상파 방송국에서나 가능한 일이었다. 그러나 2000년 이후로 넘어오면서 이러한 가수의 융합 현상은 눈에 띄게 나타난다. 다음의 〈표 6〉은 1980년부터 2016년까지 300곡을 바탕으로 분석한 가수의 융합 형태를 보여준다.

〈표 6〉 가수의 융합 형태

	1980~1990년대	2000년대	2010년대
솔로, 자기 팀	98	88	68
피처링, 융합 형태	2	12	32
합계(곡)	100	100	100

〈표 7〉 1999년 멜론차트 TOP 10

	곡목	가수
1	슬픈 영혼식	조성모
2	오직 너뿐인 나를	이승철
3	A'ddio	양파
4	그녀의 연인에게... #Story	K2 김성면
5	미절	쿨
6	영원한 사랑	핑클
7	되돌아온 이별	김현정
8	열정	유승준
9	불멸의 사랑	조성모
10	신부에게	유리상자

〈표 8〉 2020년 멜론차트 TOP 10

	곡목	가수
1	Dynamite	BTS
2	다시 여기 바닷가	싹쓰리(유두래곤, 린다G, 비룡)
3	눈누난나	제시
4	마리아	화사
5	How you like that	BLACKPINK
6	그 여름을 틀어줘	싹쓰리(유두래곤, 린다G, 비룡)
7	Ice Cream	BLACKPINK(with Selena Gomez)
8	When We disco	박진영(with 선미)
9	Summer Hate	지코(feat. 비)
10	에잇	아이유(prod. & feat. SUGA of BTS)

연구 결과 아날로그 시대 전체 100곡 가운데 2곡에 불과했던 가수의 융합 형태는 본격적 디지털 시기인 2010년 이후에는 32%의 가수가 융합한 결과로 나타났다. 그 형태 또한 피처링 같은 형태에서부터 장르별 융합, 세대별 융합, 가수별 융합 등 다양한 형태로 나타났다.

또한 〈표 7〉과 〈표 8〉에서 나타나듯이 아날로그 시대에 나타나지 않았던 가수 융합의 형태는 2020년 현재 멜론차트의 TOP 10곡 가운데 절반이 넘는 6곡으로 가수 간의 결합 형태가 눈에 띄게 증가했음을 보여준다. 장르 또한 힙합에서부터 댄스, 발라드에 이르기까지 다양한 형태의 융합이 나타나는 것을 볼 수 있다.

이러한 가수 간의 결합 양상은 디지털 기술매체의 주요한 특성으로 가사와 음악뿐 아니라 가수 형태를 통해서도 융합이 일어나고 있음을 보여준다. 특히 이는 솔로가수 간에 가장 많이 이루어졌으며, 이러한 현상으로 인해 가수의 형태분류 중 듀엣의 분포도가 급격히 증가했음을 알 수 있다. 이러한 융합 현상은 가수들의 유닛이나 프로젝트팀으로 발전했으며, 각기 다른 팀의 멤버들이 만나 하나의 멀티유닛으로 팀을 결성하거나 새로운 앨범을 발매하는 열풍으로 나타났다. 이렇듯 디지털화의 특징인 매체 간의 융합은 음악의 여러 요소 간의 결합뿐 아니라 이제까지 터부시되었던 가수의 결합을 가능하게 했음을 알 수 있다.

3.
인스턴트 사랑 가사와 영어의 증가

1) 인스턴트 사랑 가사의 증가

21세기 인터넷 향유자는 대중 같은 통합적 단위로 정의되지 않는다. 이들은 개인의 집합이 아니라 자신의 유희와 의미에 따라 끝없이 유랑하는 주체이기 때문이다. 특히 케이팝의 주 향유자인 10대의 경우 끝없이 재미를 추구하며 SNS를 통해 새로운 인맥을 확산해나간다.

윌리엄스는 현대 문화의 특징을 '이동성의 사사화'라고 주장한다. 이것은 "새로운 접촉을 위해 새로운 장소를 보고 싶어 하고 밖으로 나가고 싶어 하는 욕망"이다. 이러한 이동성은 인터넷 공간에서 1인 미디어 형식을 통해 더욱 자유롭게 펼쳐진다. 이들은 '일촌 맺기'나 '파도타기'에서 보듯 이동성을 강하게 표출하며 사유화된 1인 미디어를 통해 끊임없이 타인과의 관계를 맺어간다.

이러한 디지털 시대의 감각 변화는 대중음악 가사에서도 나타난다.

1980년대부터 2020년까지의 대중음악 가사를 살펴보면 사랑과 이별에 대한 인식 모두 심각하고 진지한 양상에서 담담하고 가벼운 양상으로 변화하고 있음을 알 수 있다. 특히 스마트폰 이후 시대로 들어서면 진지함보다는 가벼운 인스턴트식 사랑을 그리는 가사들이 확연히 늘어감을 알 수 있다.

사랑 소재를 제외한 가사 유형을 살펴보면 2000년 이전의 경우 대부분 인생에 대한 고민이나 불안한 미래에 대한 가사가 주를 이루었다. 특히 1980년대의 가사를 살펴보면 정치적으로 혼란한 사회적 상황과 개인의 가치관 속에서 괴로워하는 모습이 잘 드러나 있다. 가사를 살펴보면 '꿈', '젊음', '젊은이', '청춘', '방랑'과 같이 2000년 이후 거의 사용되지 않는 단어 사용이 눈에 띄며, 현재의 고민과 앞날에 대한 불안을 스스로에 대한 격려와 다짐으로 연결하는 가사가 특징적이다.

그러나 2000년 이후로 오면서 가사 유형은 과거와는 완전히 다른

〈표 9〉 2000년 이전의 가사

가나다라(송창식)	하고 싶은 일들은 너무너무 많은데 두 팔이 너무 모자라고
내일(김수철)	흘러흘러 세월 가면 무엇이 될까 멀고도 먼 방랑길을 나 홀로 가야 하나
10년전의 일기를 꺼내어(봄여름가을겨울)	내겐 더 많은 날이 있어 무슨 걱정 있을까 어제 힘들었던 순간들은 모두 지나간 것일 뿐
날개(허영란)	일어나라 아이야 다시 한번 걸어라 뛰어라 젊음이여 꿈을 안고 뛰어라
꿈을 먹는 젊은이(남궁옥분)	타오르는 꿈을 안고 사는 젊은이여 우리 모두 같이 흥겨웁게 노래해요

형태를 보인다. 2000년 이전에 등장한 인생과 미래에 대한 이야기는 상대적으로 줄어든 대신 상대방을 유혹하는 가사나 자신을 과시하고자 하는 가사가 확연히 늘어남을 알 수 있다.

2000년 이후 가사에서도 인생에 대한 고민과 불안한 미래에 대한 가사들이 분명히 존재한다. 그러나 그 비중은 아날로그 시대에 비해 현저하게 낮은 것을 볼 수 있다. 그 대신에 진지한 미래의 고민보다는 현재를 즐기고자 하는 유희적 가사들이 그 자리를 차지하며 2000년 이후 크게 증가한 것을 볼 수 있다. 이러한 경향은 아이돌 댄스음악 장르에서 더욱

〈표 10〉 2000년 이후의 가사

10 minutes (이효리, 2003)	just one 10 minutes 내 것이 되는 시간 용기 내봐 다가와 날 가질 수도 있잖아
둘이서 (채연, 2004)	나를 보고 있어 다가오고 있어 내가 보낸 눈빛에 취해 나를 한번 안아봐 너의 외로운 맘 네 가슴에 모두 맡길게
so hot (원더걸스, 2008)	내가 지나갈 때마다 고갤 돌리는 남자들 뒤에서 느껴지는 뜨거운 시선들 난 너무 예뻐요 난 너무 매력 있어
one more time (쥬얼리, 2008)	달콤한 초콜렛처럼 녹아든 내게 빠져봐 이 밤을 지새울 한심한 늑대들 나를 안아줘
hands up (2PM, 2011)	볼륨을 높여 스피커 터지도록 모두 함께 미쳐 정신 빠지도록
압구정 날라리 (유재석&이적, 2011)	몇 명이서 놀러왔나요 사양 말고 한잔해요 애프터는 기대 마요 이 바닥이 그런 거예요 사랑을 꿈꾸지 말아요
뱅뱅뱅 (빅뱅, 2015)	오늘 여기 무법지 난 불을 질러 심장을 태워 오늘밤 끝장 보자 다 끝장 봐
OOH-AHH하게 (TWICE, 2018)	모두 나를 가지고 매일 가만 안 두죠 내가 너무 예쁘죠 나 때문에 다 힘들죠

뚜렷하게 나타나며, 클럽문화의 영향으로 인한 향락의 추구와 자기과시가 복합적인 양상으로 나타남을 알 수 있다.

가사의 사례를 살펴보면 이러한 양상은 더욱 뚜렷하게 나타난다. 화자가 상대방을 유혹하는 이유는 사랑하는 이와 연애를 하기 위함이 아니다. 위의 〈표 10〉에서 볼 수 있듯 미래의 연인을 만나기 위해 클럽에 온 것이라기보다는 인터넷 접속과 같은 순간의 연결을 꿈꾼다. 2011년 MBC 예능 프로그램 〈무한도전〉에서 큰 인기를 끌었던 유재석과 이적의 〈압구정 날라리〉 가사에 나오듯 디지털 시대의 만남은 "애프터는 기대 말고, 사랑도 꿈꾸지 말라는" 그런 접속의 관계를 이야기한다.

위의 사례들이 각 시대의 인기곡들로 이루어졌다는 점과 대중음악을 이끄는 세대가 10대와 20대라는 사실을 생각할 때 이러한 대중음악의 가사는 디지털 시대 달라진 태도의 변화를 알 수 있는 대목이다. 이러한 가사와 음악의 변화는 소셜 네트워크와 스마트 미디어를 통해 변화한 주 향유층인 10~20대의 인식 구조와 영향이 깊다. 1990년대 신세대 문화로 개인화된 청소년들의 문화는 2000년대 이후 PC와 스마트폰 등 개인화된 미디어를 거치면서 더욱 고착화된다. 사회에 대한 관심보다 자신의 미래와 행복에 관심이 깊은 이들은 디지털 기술의 영향으로 편리한 문명의 이기를 누리고 자란 세대로, 유희적 가사의 인기는 그들의 생각과 사고를 반영한 결과라고 볼 수 있다.

대형 엔터테인먼트사의 음악 양식

이러한 결과를 통해 알 수 있는 또 하나의 시사점은 2000년대 이후 나타난 유희적 가사의 대부분이 SM, JYP, YG 같은 대형 기획사들의 곡에서 발견된다는 점이다. 특히 아이돌 댄스곡에서 뚜렷하게 나타나는 이러한 가사는 1990년대 후반부터 중소 기획사에서 대형 엔터테인먼트 회사로 변화한 이들의 음악양식이기도 하다.

이들은 철저히 음악 산업적 관점에서 접근하며 그들의 주 구매층인 10대, 20대의 성향을 읽고자 한다. 그들의 인식과 감각을 읽고 상업적으로 포장 · 판매하고자 하는 대형 엔터테인먼트 회사의 논리는 철저하게 경제논리에 입각하며, 주 구매층이 가장 좋아하는 안정적인 가사와 음악을 선택함으로써 인기곡의 맥을 이어간다.

그러한 이유로 대형 엔터테인먼트 회사는 주 구매층의 인식과 감각에 끊임없이 촉각을 세운다. 이들은 디지털 환경에서 성장해 자신의 안락함과 재미, 물질을 중요한 가치로 여기는 주 구매층의 인식에 충실하게 반응한다. 자신을 내세우고 즐기며, 인스턴트식 사랑을 선호하는 이러한 유희적 가사는 곧 대형 기획사의 안정적인 인기 비결로 작용하며 비슷한 가사로 반복된다. 이는 대형 기획사의 산업적 구조와 안정적인 음악, 변화된 주 구매층의 인식이 결합한 결과라 볼 수 있다.

2) 영어의 비중 증가

네트워크를 통해 시공간의 거리가 사라지면서 세계는 하나의 음악 시장으로 묶이게 되었다. 네티즌이 SNS를 중심으로 끊임없이 소통하고 음악을 공유하면서 케이팝은 과거보다 더 빠른 속도로 세계화되었고, 매체의 발전은 속도뿐 아니라 세계화의 폭을 크게 확장시켰다.

특히 최근의 세계화 양상은 정치 · 경제적인 관점뿐 아니라 기술의 발달로 인해 시공간의 제약이 현저하게 줄어든 환경을 이유로 들 수 있다. 네트워크를 통한 문화교류는 문화의 세계화를 자연스럽게 이룰 수 있는 배경이 되었으며, 2000년 이후 케이팝 가사에서 눈에 띄게 등장하는 영어 가사의 증가 또한 이러한 의미에서 해석할 수 있다.

전 세계가 하나의 시장을 가지고 있는 음악 환경에서 통용 언어에 대한 필요성은 영어의 증가를 낳았다. 특히 케이팝의 인기가 유튜브와 스마트폰으로 인한 디지털의 영향임을 감안한다면 외래어의 증가는 해외 시장을 위한 당연한 결과라 할 수 있다.

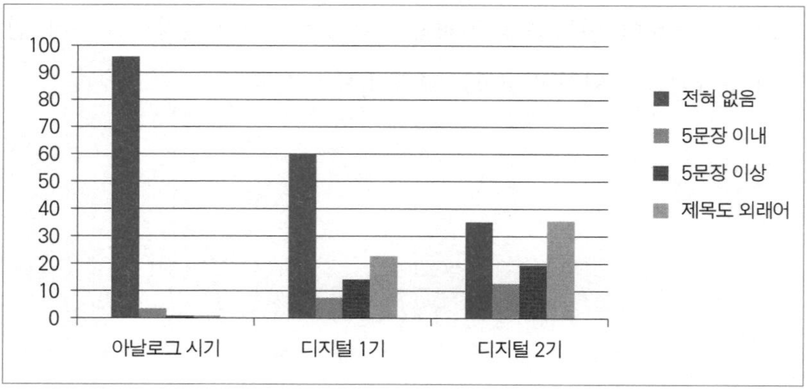

〈그림 12〉 외래어의 사용 추이

위는 대중음악에 나타난 외래어의 사용 추이를 분석한 결과다.

연구 데이터를 중심으로 분석한 〈그림 12〉의 외래어 가사의 사용 추이를 살펴보면 2000년 이전에는 전체의 2%에 불과하던 외래어의 사용 빈도가 2000년대 39%, 2010년대에 들어와서는 전체의 59%를 차지한다. 2010년에 들어서면 폭발적으로 영어 가사의 증가 현상을 띠며, 아예 제목까지 외래어로 쓰는 경우도 눈에 띄게 늘어난다. 특히 외래어의 대부분이 영어라는 점으로 미루어볼 때 디지털의 발달로 인한 음악의 글로벌화는 케이팝 가사에도 절대적인 영향을 끼쳤음을 알 수 있는 지표다.

다음은 2000년 이후 나타난 가사의 영어 사용 사례다.

〈표 11〉 2000년 이후 가사의 영어 사용 사례 1

Give it to me

씨스타(2013)

You see I don't usually do this but
I really need you tonight Give it to me give it to me
Give it to me give it to me Give it to me give it to me

서른이 넘기 전에 결혼은 할는지 사랑만 주다 다친 내 가슴 어떡해 oh
애꿎은 빗소리에도 가슴이 아파서 아직도 어리고 여려
순진하고 여려 눈물은 많은지
Give it to me oh babe Give it to me (Give it to me)
Give it to me oh babe Give it to me (Oh baby, give it to me)
Oh oh oh oh oh ~ oh oh oh oh oh oh ~ oh
아무리 원하고 애원해도 눈물로 채워진 빈자리만
사랑을 달란 말이야 그거면 된다는 말이야 Oh babe give it to me
아침이 오기 전에 그대가 올런지 바보같이 너 하날 보는 나 oh~
운다 하루 종일 울다 동이 튼다
저 해가 달인지 밤이 낮인지도 몰라
Oh babe give it to me I'm sorry that's all I need~
Oh babe give it to me~ Oh babe give it to me~

〈표 12〉 2000년 이후 가사의 영어 사용 사례 2

Dynamite BTS(2020) Cos ah ah I'm in the stars tonight So watch me bring the fire and set the night alight Shoes on get up in the morn Cup of milk let's rock and roll King Kong kick the drum rolling on like a rolling stone Sing song when I'm walking home Jump up to the top LeBron Ding dong call me on my phone Ice tea and a game of ping pong This is getting heavy Can you hear the bass boom, I'm ready Life is sweet as honey Yeah this beat cha ching like money Disco overload I'm into that I'm good to go I'm diamond you know I glow up Hey, so let's go Cos ah ah I'm in the stars tonight So watch me bring the fire and set the night alight Shining through the city with a little funk and soul So I'mma light it up like dynamite, woah

위의 사례에서 나타난 바와 같이 전 세계가 하나의 음악시장을 형성하면서 가사 또한 영어의 비중이 늘어갔다. 〈표 11〉에서 보듯 2010년 이후 폭발적으로 늘어난 영어 가사는 한글과 영어를 섞어 쓰는 수준에서 〈표 12〉 2020년 BTS에 이르면 전체 가사가 영어로 쓰여 있음을 알 수 있다. 2000년 이전 대부분의 대중음악 가사가 99% 한국어라는 사실과는

사뭇 다른 현상이다.

2020년 한국을 비롯해 전 세계에서 동시에 발매된 BTS의 〈Dynamite〉는 모든 가사가 영어로 되어 있으며, 한국어의 경우 자막으로 처리되어 있다. 케이팝이 각 나라에 동시에 유통되면서 해외 팬들을 겨냥해 아예 초기 창작에서부터 100% 영어 가사를 사용한 것이다. 이처럼 가사에 나타난 영어 표현뿐 아니라 제목에서도 영어 사용이 늘어나는 이유는 2010년 이후 더욱 급격해진 네트워크의 활성화와 스마트폰의 영향을 들 수 있다. 이처럼 한국 음악시장이 아니라 글로벌 음악시장을 염두에 둔 가사의 변화는 이제 한국의 음악이 아닌 글로벌 음악으로 거듭나고자 하는 케이팝의 변화라 할 수 있다.

그러나 케이팝이 청소년들에게 미치는 영향을 생각할 때 이러한 영어의 범람은 자칫 한국어에 대한 혼란을 가중시킨다는 문제점을 가진다.

무한경쟁에 따른 자극적인 표현의 증가

전 세계가 네트워크를 통해 하나의 문화권 안에 들어오면서 작곡과 작사는 무한경쟁 시대가 되었다. 음악은 네트워크를 통해 한없이 공유되고 연결되었으며, 기술의 발달로 음악 생산 또한 더욱 간편해졌다. 그 결과 많은 신생 작곡가가 탄생했고, 소비와 생산 모두 치열한 경쟁에 내몰리게 되었다. 이러한 무한경쟁 시대는 음악의 양적 팽창을 가져왔고, 곡의 선정 과정에서 선택되고자 언어파괴까지 감수하는 선정적 가사의 탄생을 가져왔다.

아래의 사례는 아날로그 시대 대부분의 표현들이 은유적이거나 사실적인 데 반해 2000년대 이후로 갈수록 직설적이고 자극적인 표현들이 늘어감을 보여준다. 은유적 표현은 2010년 이후 점점 감소하는 데 반해 직설적인 표현은 확연히 증가하는 것을 볼 수 있다. 자극적인 가사의 경우도 스마트폰 시대 이후인 2010년대로 갈수록 그 사례가 증가하는 모습을 볼 수 있다.

아날로그 시대에는 상대방을 자연에 비유하거나 은유적 표현으로 자신의 기쁨과 슬픔을 표현하는 가사들이 나타난다. 화자의 마음을 바람이나 별, 꽃에 비유하거나 흘러간 세월을 하늘과 구름에 비유하는 등 시적인 표현이 대부분이었다. 그러나 2000년 이후로 올수록 이러한 시적 표현은 사라지고 좀 더 현실적이고 직설적인 표현이 주를 이루게 된다.

다음 곡은 자신을 버리고 간 상대방을 바람에 비유하며 시적으로 표현한 1986년 곡이다. 화자의 마음은 너무나 슬프고 자신을 버리고 간 원망도 존재하지만, 과거의 추억과 모든 것을 그리움으로 승화시켜 표현한다.

〈표 13〉 아날로그 시기의 가사

갈바람

이선희(1986)

내 작은 가슴속에 이토록 / 사무치는 그리움을 남기고
가버린 그대는 바람 / 외로움 주고 간 갈바람
차가운 두 눈가에 맴도는 / 그대의 포근함을 남기고
내마음 자꾸만 자꾸만 / 그리움 나래를 펴게 하네
그대는 갈바람 / 구름을 만드는 갈바람
그대는 갈바람 / 내마음 앗아간 갈바람

위의 〈표 13〉에서 볼 수 있듯이 아날로그 시대 대부분의 화자는 사랑의 추억을 미화하며 지금의 이 모든 상황을 이해해보려고 한다. 설령 이해되지 않는다 하더라도 원망보다는 슬픔의 마음으로 표현하며 은유적으로 나타낸다. 위의 곡에서 나타나듯 '그대는 외로움 주고 간 갈바람' 이지만 결국 '내 마음 그리움 나래를 펴게 하네'로 결론짓는다.

상대방은 내 마음을 앗아간 채 떠나갔지만 나는 그를 원망하거나 증오하기보다는 그저 그를 그리워하는 착한 존재로 표현된다. 그러나 이러한 표현들은 디지털 시대로 가면서 완전히 다른 방식으로 변화한다.

〈표 14〉 디지털 시대의 가사

Abracadabra 브라운아이드걸스(2009) 이러다 미쳐 내가 여리여리 착하던 그런 내가 / 너 때문에 돌아 내가 독한 나로 변해 내가 널 닮은 인형에다 주문을 또 걸어 내가 / 그녀와 찢어져 달라고 고 every night I'll be with you / do you love her do you love her 매일 너의 꿈 속에 / do you love me do you love me bring bring 너를 내게 가져다 줘 / 뭐라도 난 하겠어 더한 것도 하겠어 빙빙 도는 나의 fantasy에 / 모든걸 걸겠어 널 내가 내가 갖겠어

〈표 14〉의 〈Abracadabra〉 가사는 마치 스릴러 영화에 나오는 한 장면과 흡사하다. 연인을 닮은 인형에게 주문을 외우며 (지금 사귀는) "그녀와 찢어져 달라"라고 외치는 화자의 집착은 연인을 되찾기 위한 욕망이자 분노의 정서다. 이렇듯 거센 분노는 집착을 낳고 이별은 더 이상 아름다운 것이 아닌 철저히 현실적이며 이기적인 것으로 변모한다. 흥미로운 점

은 이 곡이 그 시대의 수용자에게 폭발적인 인기를 끌었다는 데 있다.

이처럼 이별 후의 감정은 과거처럼 모든 것이 아름답거나 미화되지 않는다. 디지털 시대의 모든 곡이 자극적이지는 않지만, 적어도 그 표현만큼은 리얼하고 직설적인 특징을 갖는다. 아래의 〈표 15〉는 같은 상황에 놓인 두 남녀의 표현이 시대에 따라 가사에 어떻게 표현되는지를 나타낸다. 비교한 두 곡은 이별을 앞둔 두 남녀의 마지막 모습을 묘사한다. 1989년과 2015년에 같은 소재로 쓰인 이 두 곡은 표현양식 면에서 상당히 다른 모습을 보인다. 1989년 이승철이 부른 이 곡은 "소리 내지 마 우리 사랑이 날아가버려", "다가오지 마 우리 사랑이 멀어지잖아" 같은 은유적으로 이별을 안타까워하는 화자의 마음을 표현한 반면, 2015년 매드클라운이 부른 〈화〉는 완전히 다른 표현양식을 보인다.

〈표 15〉 이별 전후 감정의 시기별 비교 사례

안녕이라고 말하지 마

이승철(1989)

소리내지 마 우리 사랑이 날아가버려
움직이지 마 우리 사랑이 약해지잖아
얘기하지 마 우리 사랑을 누가 듣잖아
다가오지 마 우리 사랑이 멀어지잖아
안녕이라고 말하지 마
나는 너를 보고 있잖아
그러나 자꾸 눈물이 나서
널 볼 수가 없어
안녕이라고 말하지 마
우린 아직 이별이 뭔지 몰라

화

매드클라운(feat. 진실, 2015)

들어봐 uh
바로 어제 3년 약정한 핸드폰 정신차리니
박살 나있고
바닥엔 할부 안 끝난 모니터
눈앞에 넌 계속 악쓰고 있고 uh
젠장 뭐 답도 없지 내가 널 밀침
니가 날 밀쳐 서로 씩씩거리면서
더럽게 질척이는데 나 완전 미쳐
헤어지고 싶은 눈친데
날 시키지 말고 니가 직접 말하시던가
어찌됐든 나쁜 쪽 되기 싫다 이건데
알아서 그럼 꺼지시던가
어 그래 잘가 잘 지내
니가 어디 어떻게 잘사나 두고볼건데 나
널 너무 사랑해서 딱 한마디만 할게
너랑 꼭 똑같은 사람 만나 쓰레기 새꺄

직설적인 표현을 넘어 거칠고 자극적인 언어를 통해 마지막 이별의 모습을 묘사한 이 곡은 타인이 보기 민망할 정도로 당시의 상황이 리얼하게 담겨 있다. 사랑했던 두 남녀가 이별을 이야기하는 과정의 모습이 한 편의 영화를 보는 듯 사실적으로 묘사된 이 곡은 '더럽게', '질척', '꺼지시던가' 등의 자극적인 단어와 함께 너랑 꼭 똑같은 사람 만나라며 사랑했던 연인을 '쓰레기 새꺄'로 표현한다.

이렇듯 두 시기의 표현양식은 디지털 시대로 갈수록 더욱 사실적이면서 자극적으로 나타난다. 장르를 넘어 나타난 이러한 표현양식은 직설적 묘사로 상황을 미화하거나 부정하는 것이 아니라 담담하게 그려냄으로써 모든 상황을 현실보다 더 현실적으로 보여주고 있다.

이러한 표현기법의 변화와 사랑에 대한 현실적 해석은 신자유주의와 디지털 기술의 발달로 변화한 대중의 인식과 연관이 있다. 그 누구보다 자신이 중요하고 자신의 생각을 여과 없이 표현하는 데 익숙한 시대인 만큼 대중음악 가사 또한 실존적 세상으로 표현된다. 모든 것이 검색 가

〈표 16〉 디지털 시기 이별 표현 가사의 사례

널 사랑하지 않아 어반자카파(2016) 무슨 말을 할까 어디서부터 어떻게 고개만 떨구는 나 그런 날 바라보는 너 그 어색한 침묵 널 사랑하지 않아 너도 알고 있겠지만 눈물 흘리는 너의 모습에도 내 마음 아프지가 않아 널 사랑하지 않아 다른 이유는 없어 미안하다는 말도 용서해 달란 말도 하고 싶지 않아 그냥 그게 전부야 이게 내 진심인 거야 널 사랑하지 않아 널 사랑하지 않아
밥만 잘 먹더라 Homme(2010) 사랑이 떠나가도 가슴에 멍이 들어도 한 순간뿐이더라 밥만 잘 먹더라 죽는 것도 아니더라 눈물은 묻어둬라 당분간은 일만 하자 죽을 만큼 사랑한 그녀를 알았단 그 사실에 감사하자 이미 지난 일 말하면 뭐해 돌릴 수 없는데 괜히 아픈 가슴만 다시 들춰내서 뭐해 쓸데 없게 태어나서 딱 세 번만 울게 허락된다는데 괜히 허튼 일들에 아까운 눈물 낭비 말자 오

능하고, 서비스조차 소비자를 찾아가는 시대인 만큼 환상적인 사랑과 이별 대신 현실적인 이야기가 더욱 공감을 준다.

특히 제2장에서 살펴본 바와 같이 케이팝의 주 향유자인 Z세대의 생활 패턴은 자신의 손안에 쥐어진 스마트폰을 통해 어디서든 즉각적으로 검색하는 것이 생활화되어 있다. 이러한 양식은 인간의 인식과 감각을 현실적 · 즉각적 · 감각적으로 바꾸어놓는다. 매클루언이 《구텐베르크 은하계》에서 밝힌 지각 양식에 따른 일상의 변화는 디지털 시대에 들어와 더욱 가속화된다.

3) 자기표현의 증가

20세기 후반 신자유주의의 영향으로 개인화된 대중의 사고는 그것을 가능하게 한 디지털 기술과 만나면서 개인의 표현을 더욱 자유롭게 했다. 이제까지 일방적으로 콘텐츠를 수용해야 했던 아날로그 시대와 달리 디지털 시대를 통해 인식의 체화를 경험한 대중은 SNS와 가상 커뮤니티, 유튜브의 활성화를 통해 자신을 마음껏 표출했다. 특히 주 향유층인 Z세대의 경우 어린 시절부터 자기표현이 생활화되었고, 각종 인증샷과 콘텐츠 발생, 댓글 등을 통해 끊임없이 자신을 표현하는 데 익숙하다.

청소년기 시절 타인과 구별하는 중요한 수단으로 사용했던 음악은 21세기 들어서면서 청소년을 넘어 대다수의 세대가 자신을 표현하는 수단으로 확장된다. 이것은 1950년대 휴대용 트랜지스터라디오가 청년 문화의 자유와 활동성을 가져왔던 것이나 1980년대 소니의 워크맨이 청소년들의 개인화된 음악 감각을 키웠던 것과는 확연히 다르다. 청소년을 넘어 기성세대도 자신을 표현하는 수단으로 음악을 이용하게 되었기 때문이다.

21세기 들어 이러한 자기표현이 증가한 이유는 인터넷, 스마트폰 같은 디지털 기술이 단순화되고 편리해지면서 대중이 더욱 쉽게 자기표현을 할 수 있는 환경이 주어졌다는 데 있다. 특히 SNS와 스마트 기기의 활용은 이제까지 자신을 표현하는 데 익숙하지 않았던 기성세대를 가상공간 속에서 적극적으로 표현하게 만들었다. 이러한 변화는 20세기 후반부터 진행된 신자유주의의 영향으로 음악 속에서 더욱 주체적이고 개인화된 양상으로 드러난다.

이러한 자기표현 양상은 힙합 장르에서 더욱 뚜렷하게 나타난다. 한국 대중음악의 초창기 힙합에서 나타나는 표현양식은 학벌주의와 물질만능주의, 사회의 부정부패에 대한 비판이 주를 이룬다. 그러나 초기의 이러한 가사는 2000년 이후로 갈수록 인생에 대한 고민과 자기표현의 가사로 변화한다.

그들은 랩을 통해 자기 자신이 인생의 주체가 되어 살아갈 것을 강조했다. 또한 기성세대의 권위로 자신들의 생각을 분출할 기회를 찾지 못했던 힙합 뮤지션들에게 랩은 정당하게 자신들의 답답함과 분노를 표출할 수 있는 수단이 되었다. 이렇듯 진정성 있는 자기표현이나 사회에 대한 저항은 힙합 장르에서 중요한 요건이 되었다.

2000년 이후 이러한 자기표현의 욕구는 힙합의 기본정신과 잘 맞아

떨어진다. 자아성찰적이거나 사회적인 시선을 가사에 담아온 힙합은 자기표현의 진정성을 높이 사며, 그런 만큼 본인이 아닌 다른 누군가가 가사를 써준다거나 대중적 인기를 겨냥한 '뻔하고 말랑말랑한' 가사만 쓰는 것에 혹독한 평가를 내린다.

이러한 논란의 화두가 된 것이 래퍼 '산이(San E)'다. 산이는 2000년대 중 · 후반 힙합 커뮤니티에서 아마추어 래퍼로 시작해 언더그라운드부터 차근차근 성장해온 가수로 힙합씬에서 그 실력을 인정받고 있었다. 그러

〈표 17〉 2010년 이후의 힙합음악 가사

타이틀곡

다이나믹 듀오(2015)

발에 밟히는 게 꿈이던 그땐 현실적으로란 말이 참 거북했는데
지금 희망이란 짓밟히기 싫은 내 현실 주변에 바르는 화장품 같애
살아남는 것이 만만치 않아도 찾고 싶어 생존 이상의 의미
그러다 내가 붙든 삶으로 멱살잡고 돌아오지
TV의 스타도 앨범 평점 별 다섯 개도 탐이나
투팍도 했을까 과연 이런 고민 가족들의 안정과 재미
레인지 위에서 사시사철 내내 쉬지 않는 냄비를 위해선
내 중심이 일곱 살 아이의 어금니 같아선 안돼 안돼 안돼
마시다 남은 커피에 얼음 꽉 채워
내일 해를 볼 준비 끝낸 다음
어질러진 머리 속 싹 비워 내
이어폰 소파 나의 엄지 두 개로
세상과 오랜 인연이 될 한 줄을 고민해도

결국 타이틀곡이 필요해 wanna make it rain
money money 돈 냄새 나는 관중의 떼창은 정말 짜릿해
머니머니해도 오래 오래 효자 노릇하는 사랑얘기
멜로디 확 꽂히는 후렴 범벅은
전국구로 가는 흥행공식 차라리 모르는 게 약인데
대충 알 것 같아서 자꾸 병드는 기분 15년째

나 그의 실력과는 별개로 힙합 마니아들의 엄청난 비판을 받기도 하는데, 그 이유는 그가 만들어내는 음악의 진정성에 있다. 2014년 아이돌 레이나와 함께 부른 〈한여름 밤의 꿈〉, 2015년 매드클라운과 함께 노래한 〈못 먹는 감〉 등 래퍼로서 큰 인기를 끌었음에도 그의 음악이 판매되기 좋게 가공된 것이라는 인식으로 인해 힙합 뮤지션으로서의 진정성이 없다는 평가를 받기도 했다. 이러한 대중성과 진정성에 대한 고민은 힙합인의 내적 갈등을 드러내기도 한다. 위의 〈표 17〉은 상업성과 진정성 사이에서 고민하는 가수들의 모습이 잘 드러나 있는 사례다.

이렇듯 힙합의 자기표현에 대한 진정성은 21세기 향유자의 변화된 인식을 대변하면서 성장해왔다. 이로 인해 힙합의 인기는 커져갔으며, 시기별 장르의 인기 또한 달라져갔다. 장르의 생명력은 결국 시대를 거쳐 대중의 감각과 인식 속에서 선택되고 살아남게 된다. 마케팅 목적으로, 혹은 음악 산업 종사자들에 의해 특정한 음악에 새로운 장르명이 붙여진다 하더라도 이에 대한 수용자의 사회적 동의가 없다면 그 장르는 생명력을 갖지 못한다. 그 시대의 인기 장르는 곧 대중의 인식을 반영하고 대중의 감각을 반영한 결과물이기 때문이다.

4.
유쾌한 음악 모드로의 변화

1) 음악 모드의 변화

2000년 이후 나타난 대중음악의 양상 중 하나는 유쾌한 음악 모드로의 변화다. 주 향유층의 감각이 갈수록 가볍고 유희적이며 리드미컬한

선율을 좋아하면서 댄스와 힙합 장르가 더욱 인기를 끌고 발라드 또한 밝아진 점이다.

1980~1990년대 아날로그 시대에 가장 인기 있었던 장르는 발라드로 전체 곡의 절반 정도를 차지했으며 록과 트로트, 포크와 댄스 등도 고르게 분포되어 있음을 알 수 있다. 그러나 2000년대를 지나 2010년대로 갈수록 이러한 양상은 다르게 변화한다. 발라드는 시대를 거슬러 계속적으로 강세를 보이고 있으나 그와 함께 댄스와 힙합 장르가 꾸준히 증가하는 양상을 나타낸다.

본 연구에서는 데이터베이스가 되는 300곡을 대상으로 시기에 따른 음악 모드의 변화를 알아보았다. 음악 모드는 모두 4단계로 강/슬픔, 약/슬픔, 강/기쁨, 약/기쁨으로 분류했다. 음악 모드는 장조와 단조, 선율의 진행, 리듬 등 여러 가지 요소에 영향을 받으며 이러한 음악 모드는 시대별로 완전히 다르게 변화한다.

사례분석 결과 〈그림 13〉에서 나타난 바와 같이 음악 모드는 1980년대에서 2010년 이후로 갈수록 강한 슬픔에서 강한 기쁨의 양상으로 변화하는 것을 볼 수 있다. 그중 뚜렷하게 나타나는 현상은 기쁨의 강한 모드 증가로 1980~1990년대에는 11%에 불과했던 기쁨 모드가 2010년 이후로 갈수록 51%의 비중을 보여준다는 점이다. 이는 슬픈 것을 표현하는 음악보다 담담하고 유쾌하게 그려지는 음악을 선호하는 현상으로 풀이할 수 있다. 단조풍의 느린 멜로디보다는 장조풍의 발랄한 멜로디를 선호하는 음악 모드의 변화는 대중의 인식 변화와 그 맥을 같이한다.

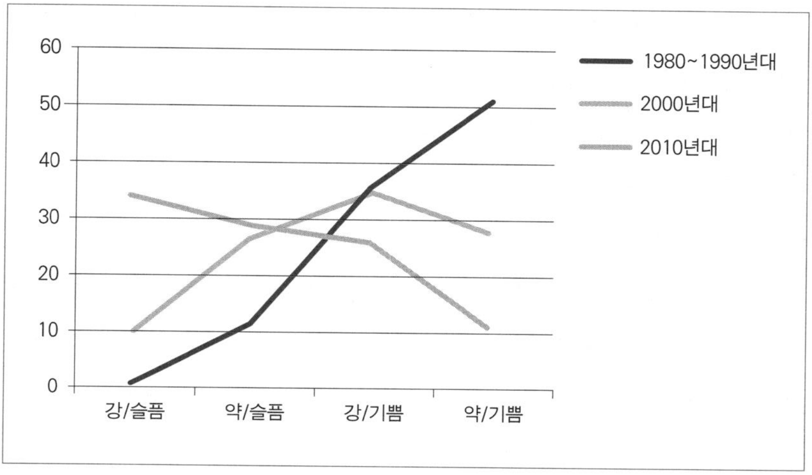

〈그림 13〉 시대별 음악 모드

2) 시대별 이별곡의 변화

이러한 시대별 음악 모드의 변화는 이별곡에도 영향을 미쳤다. 300곡의 데이터 가운데 이별곡만 추출한 결과 디지털 시대에는 사랑곡뿐만 아니라 이별곡에서도 진지하거나 심각한 선율보다는 담담하면서도 유쾌한 선율을 선호하는 현상을 볼 수 있었다.

2000년 이전의 이별곡은 평균적으로 진지하면서도 느린 선율이 어울린다는 의식이 존재했다. 과거에도 간혹 작곡가의 의도에 따라 빠른 리듬이 존재하기는 했으나 소수에 불과했으며, 대부분 느린 리듬의 템포와 슬픔의 소재는 밀접하게 나타났다.

그러나 2010년 이후의 이별곡은 빠른 리듬의 댄스와 힙합 비중이 늘어가는 양상을 나타낸다. 이별곡에서는 여전히 발라드의 비중이 높지만, 아날로그 시대 대부분의 이별곡이 포크와 트로트, 발라드 같은 느린 리듬에서 불렸다는 사실과 비교한다면 디지털 시대의 변화는 상당히 크다고 볼 수 있다.

이것은 과거에 비해 수용자의 표현 양상이 변화했음을 의미한다. 자신의 취향에 따라 선택하는 '수용자 음악'이라는 케이팝의 특성을 감안할 때, 이러한 변화는 이별 상황에서도 현실을 담담하고 가볍게 받아들이고자 하는 대중의 심리가 담겨 있다.

재미있는 사실은 멜로디는 밝고 유쾌한 모드임에 반해 가사는 이별의 슬픔과 애상을 담고 있다는 점이다. 이러한 반어적 양상은 슬픔을 있는 그대로 비극적이고 애상적으로 표현하는 아날로그 시대와 달리 자신의 슬픔을 유쾌하게 풀어내거나 앞으로의 행복을 희망하는 가사를 통해 현실을 이겨내고자 하는 21세기 수용자를 상징한다고 볼 수 있다.

5.
가상악기 발달과 작곡의 개념 변화

1) 가상악기의 발달

디지털 시대는 동시대 예술계에 혁명적인 변화를 가져왔다. 기술의 발달로 소리의 조작이 가능해지면서 연주자나 가수는 시간적 · 공간적 제약이나 인간의 한계를 뛰어넘게 되었고, 그 과정에서 음악은 완전히 다른 소리와 작품, 장르, 연주의 전통을 만들어냈다.

이제 음악가들은 디지털 신시사이저 같은 컴퓨터 테크놀로지에 의존하지 않고서는 작곡을 하지 못하는 상황이 되었다. 작곡가는 녹음장비에 적용된 다양한 디지털 기술의 발달로 오케스트라나 가수들과 함께 작업한 것처럼 풍부하면서도 새로운 음향효과를 얻을 수 있게 되었다. 1980년대에도 음악시장에 디지털 장비들이 등장했으나 극히 초기단계였으며, 가상악기의 경우 2000년 이후에 등장하면서 더욱 섬세하면서도 편리한 작곡을 가능하게 했다.

디지털 시대 음악 생산의 변화는 편집과 후반작업의 중요성으로 나타난다. 과거 아날로그 시대에는 전자악기를 비롯해 모든 아티스트가 한자리에 모여 연주하고 녹음하는 형태로 이루어졌다. 그러나 디지털 시대에 들어와서는 기술의 발달로 인해 완전히 다른 프로세스를 보인다. 이제는 연주자들과 가수가 함께 연주하고 녹음하는 경우는 거의 없으며 각각의 녹음을 연결해 한자리에 있는 듯한 효과를 준다.

SM타운의 크리스마스 캐럴을 보면 SM 소속 가수들이 한자리에 모여 캐럴을 합창하는 뮤직비디오가 연출된다. 그러나 그것은 뮤직비디오를 위한 연출일 뿐 대부분의 실제 레코딩 상황에서는 각각의 독창 파트를 따로 녹음해서 믹스 다운을 하게 된다. 마치 특수효과로 가득 찬 영화에서 배우와 디지털 캐릭터, 배경 등이 따로 만들어진 후에 합성되듯, 대부분의 악기들과 보컬은 각기 따로 녹음하며 믹싱작업을 통해 합친다.

믹싱 과정에서 각 악기의 소리들은 다른 악기들과 잘 어울리게 수많은 프로세스를 거치며 최종적으로 마스터링 작업을 하게 된다. 이 과정에서 조율과 채색이 가미되는데, 그에 따라 기술의 중요성은 더욱 커졌다. 음악작업의 경우도 작곡-편곡-연주-믹싱-마스터링의 과정 중에서 레코딩 단계 이후로는 모든 것이 레코딩 기술의 역량으로 자리 잡고 있으며, 따라서 미리 녹음 상황을 염두에 두고 작곡과 편곡을 하기도 한다. 디지털 녹음기술이 발달하면서 편집과 믹싱의 편의성은 높아졌으며, 사람의 목소리뿐 아니라 유명 연주자의 연주까지 조율 가능한 시대가 되면서 후반작업의 중요성이 더욱 커졌다.

이제 레코딩 스튜디오는 사진사의 스튜디오처럼 모든 것이 준비되어 포착하기만 하면 되는 장소가 아니라 조각과 칠, 오버더빙으로 완성품이 생겨나는 미술가의 스튜디오에 가까워졌다. 디지털 기술의 발달로 나타난 이러한 후반편집의 중요성은 녹음의 영역을 제2의 창작 영역으로 확장시키면서 새로운 담론을 형성한다.

기술에 따른 음악 산업의 변화는 샘플러로 대표되는 가상악기의 증가와 작곡 개념의 변화를 가져왔다. 실제로 1980~1990년대에도 초기 형태의 가상악기 작곡이 이루어졌다. 그러나 2010년대로 올수록 샘플러를 활용한 가상악기의 증가가 눈에 띄게 증가하는 것을 볼 수 있다.

실제로 최신의 디지털 작곡 장비는 1990년대에 단순히 실제 악기의 사운드를 간략화하여 흉내 냈던 신시사이저 시대의 미디음악과는 질적으로 차이를 둔다. 현재의 가상악기는 '실제 연주를 녹음한 것'을 자신의 의지에 맞게 변형시킬 수 있는 기술로, 가상악기 소프트웨어의 경우 사실상 실물시장을 대체하는 경우가 많다.

예를 들어 60인조 오케스트라의 악기별 연주는 레가토, 스타카토, 트릴 등 주법마다 별도의 샘플루프를 녹음해서 '오케스트라 가상악기'를 만든다. 이제까지 가상악기 프로그램의 용량은 매우 커서 수십에서 수백 기가바이트에 달했는데, 디지털 기술의 발달로 10만 원대 하드디스크 하나에 담을 수 있는 시대가 되었다. 한마디로 실제 연주를 하지 않아도 가상악기만으로 음원을 완성할 수 있다는 것이다.

현재 사운드 모듈시장은 거의 신제품이 출시되지 않을 정도이며, 많은 종류의 이펙터들도 소프트웨어로 대체되고 있다. 더욱이 오토튠 같은 디지털 저작도구들과 MP3 청취환경은 이러한 가상악기 증가에 도움을 준다.

2) 작곡의 개념 변화

디지털 기술은 동일한 사물을 대량으로 복제하고 생산하는 것을 가능하게 할 뿐만 아니라 필요한 부분만 선택적으로 복제하거나 변형하는 것을 가능하게 해준다. 이러한 저작기술의 발달은 수용자에게 미디어 콘텐츠를 자유롭게 변형하고 재창조할 수 있는 가능성을 열어주었다.

이것은 케이팝 생산에서도 똑같이 적용된다. 과거 아날로그 시대 작곡과 작사는 전문 영역의 경지였다. 전문적인 작곡가가 등장했고, 음악 프로듀싱과 믹싱은 정교한 기술의 하나였다. 작곡은 하나부터 열까지 작곡가의 창작에서 나오는 음악작품이자 완성품이었다.

그러나 디지털 시대가 되면서 이러한 음악 작곡은 개념 자체가 변화했다. 좀 더 손쉽게 작곡하고 프로듀싱할 수 있는 토대가 된 디지털 기술은 작업환경을 간소화시켰고, 이로 인해 대중화되는 경향을 낳게 된다. 특히 디지털 시대 샘플링의 보급은 대중음악 생산과 소비 방식을 근본적으로 바꿔놓았다.

디지털 시대 작곡의 편리함은 싱어송라이터의 증가와 더불어 댄스와 힙합 장르의 인기를 가져왔다.

댄스음악에서 가장 중요한 것은 사람들을 춤추게 만드는 반복적인 리듬 패턴을 꼽는다. 대다수 아이돌의 음악은 대체로 반복적이고 중독적인 멜로디를 사용하는데, 디지털 기술로 인해 편집 자체가 더욱 편리해졌다. 음악을 오리고 붙이고 반복하는 기능 자체가 너무나 간단해졌으며 편집하는 과정을 통해 음악적 모드도 정확하게 만들 수 있는 환경을 제공한다. 또한 다양한 샘플링으로 인해 예전에는 재현하기 어려웠던 다양한 속도와 분위기를 가진 리듬 패턴의 댄스음악이 가능해졌다.

이러한 작곡의 변화는 힙합에서도 영향력을 발휘한다. 대부분의 곡을 스스로 작곡, 작사하는 힙합 장르의 특성상 이러한 디지털 저작기술의 발달은 작곡에서부터 노래에 이르기까지 1인 체제를 가능하게 했다. 2000년 이후 꾸준하게 늘어간 힙합의 인기는 자기표현의 욕구와 더불어 〈쇼미더머니〉 같은 음악 예능 프로그램의 영향과 1인 프로듀싱 시스템이 가능해진 저작기술의 발달을 주요한 요인으로 꼽을 수 있다. 이처럼 기술의 발전과 수용자의 감각 변화는 장르의 선호도를 바꾸는 중요한 요인이 된다는 점에서 이 둘의 상관관계를 짐작할 수 있다.

3) 보정, 편집, 변형의 시대

디지털 기술은 사운드를 프로듀싱하고 조작하는 드럼 머신, 시퀀서, 샘플러 등과 같은 새롭고 저렴한 기기들과 128가지에 달하는 음색, 자연에는 존재하지 않는 세련된 인공의 합성 소리, 그리고 어떤 소리든 샘플링하고 조작할 수 있는 능력, 정밀하게 사운드 루프를 만들 수 있는 능력 등을 뮤지션에게 제공했다. 작고 휴대하기 좋으며 점점 저렴해지는 음악 도구와 소프트웨어 덕분에 어느 곳에든 녹음 스튜디오를 세울 수 있게 되었으며, 이에 따라 홈 스튜디오가 증가했다.

그중에서도 디지털 기술의 가장 큰 이점은 데이터화한 소리를 다양

한 방법으로 조작할 수 있다는 점이다. 템포와 음을 얼마든지 높이거나 낮출 수 있으며, 둘을 따로따로 조절할 수도 있다. 또한 소리를 뒤집거나 자르고 연결하고 여러 겹으로 배치할 수도 있다. 어떤 주파수를 강하거나 약하게 할 수도 있고, 낡은 레코드의 잡음을 제거해 깨끗하게 만들 수도 있다.

이러한 기술의 발전은 가수들의 녹음작업을 자유롭게 만들었다. 스튜디오에서 녹음하는 가수들은 음정 보정이 가능했으며, 음이 떨어지거나 틀리더라도 음높이나 템포를 수정할 수 있게 되었다. 이러한 디지털 기술의 변형 가능성은 라이브 가수의 차별화를 낳았다.

음악 기술의 발달은 작곡가가 모든 부분을 창작하지 않아도 좋은 음악을 선별할 수 있는 귀만 있다면 작곡이 가능하다. 샘플러를 이용해 기존 음악에서 인상적인 일부 구간을 빌려와서 자신의 곡에 넣음으로써 '원본'과 '샘플링된 음악' 사이의 경계를 허문다. 하나의 새로운 오리지널 음악이 편집되어 '새로운 오리지널 음악의 샘플루프'로 탄생하기 때문이다.

샘플링은 본질적으로 변형의 예술이다. 샘플이 원곡에서 벗어나고도 변형되지 않는 경우는 없으며, 진정한 예술은 샘플을 자르고 반복하고 비틀고 뒤섞는 데 있다. 마크 카츠는 이러한 샘플링 기술의 확장에 대해 "샘플링은 사상과 표현이라는 기존의 구분을 모호하게 만든다"라고 지적한다. 그의 지적처럼 사상과 표현이라는 이분법의 붕괴는 저작권법에 상당한 파장을 불러온다. 실제로 샘플링을 토대로 한 작곡은 해석과 재현이 필요한 악보가 아니라 전자 변형이 필요한 이진수의 기록이므로 기보법이나 연주자가 필요 없다. 샘플을 가지고 작업하는 작곡가들은 소리를 가지고 음악을 만들므로 시각예술가나 조형예술가에 가깝다고 할 수 있다.

4) 아우라의 몰락

벤야민이 이야기하는 원본의 아우라는 디지털 시대로 올수록 그 경계가 점점 더 모호해졌으며, 사상과 표현의 가치가 원본의 변형 속에 묻히게 되었다. 또한 샘플링과 가상악기의 증가로 연주보다는 프로듀서와 프로그래머의 비중이 점점 커지면서 2000년 이후 음악 생산의 강조점이 확연히 달라졌다. 실제로 힙합씬을 중심으로 다양한 뮤지션들이 샘플링 음악으로도 인정받게 되면서 오히려 전통적인 작곡의 개념 자체가 도전받게 되었다. 또한 힙합과 더불어 전 세계적인 인기를 끌고 있는 일렉트로닉 뮤직(이하 EDM)도 대부분의 음악 베이스가 실연 음악이 아닌 샘플루프를 통해 만들어졌음을 볼 때 전통적인 작곡의 개념이 기술 변화에 따라 변형되었음을 알 수 있다.

힙합과 EDM은 표본 절취, 혼합, 긁기 등 기존 음악과 음향을 차용하는 여러 가지 기법을 활용한다. 특히 랩으로 상징되는 힙합은 매클루언이 '전기 기술에 의한 내파'라는 말로 특징지은 현대적 매체환경의 산물로, 이러한 장르는 기계 장치를 조작하고 결합할 수 있는 매체기술이 전제되지 않았다면 탄생하지 못했을 것이다.

시몽동의 주장처럼 21세기 기술과 예술의 경향은 단지 기술적인 것도 아니고 단지 예술적인 것도 아닌, 기술과 예술이 통합된 '기술미학적 아름다움'을 표현할 수 있는 새로운 개념화를 요구하고 있다. 그는 기술과 예술이 서로의 가치를 이해하고 융합될 때 새로운 가치가 창출된다고 보았다. 또한 기술과 예술이 각자의 영역을 가장 잘 알고 이해할 때 두 영

역이 접목한 새로운 가치가 창출된다고 보았다. 이러한 관점에서 볼 때 전통의 작곡 개념을 해체한 샘플루프 작곡법은 기술의 발전으로 인한 새로운 창작으로 보아야 한다. EDM은 샘플링이라는 기술을 베이스로 한 또 다른 음악창작의 형태이며, 20세기 후반부터 기술의 발달에 따라 꾸준히 인기를 끌고 있다.

Ⅵ
케이팝 산업: 소비의 변화

1. TV 중심에서 유튜브 중심으로
2. 앨범 단위에서 개별 곡 단위로
3. 음반 중심에서 스트리밍 중심으로
4. 소극적 소비자에서 적극적 프로슈머로

소비방식을 이해할 때 가장 중요한 점은 '주 향유층의 감각이 어떻게 변화하고 있는가?'라는 것이다. 선택받아야만 살아남을 수 있는 대중음악의 본질상 소비의 변화는 상당히 중요하므로 문화소비에 가장 적극적인 계층과 세대를 주요 대상으로 삼아 음악 상품을 만든다.

1980년대 이후 지금에 이르기까지 한국 대중음악의 주요 타깃층은 10대에서 20대까지의 젊은 세대였다. 2010년 이후 10대 음악에 대한 과도한 비판으로 기성세대 음악을 확대하자는 움직임이 있었지만, 그럼에도 음원을 소비하는 주요 계층은 10대 청소년임을 부정할 수 없다. 그렇다면 주 향유층인 이들의 감각과 인식은 어디로 가고 있는가?

1.
TV 중심에서 유튜브 중심으로

케이팝의 소비는 이전 시대에 비해 훨씬 다양하고 적극적인 형태로 변화했다. 이제까지의 미디어는 수용자가 직접 콘텐츠를 제작하거나 글을 쓰더라도 그것을 다른 이들과 공유하기 어려웠다. 고도로 중앙 집중화되어 있던 이전의 미디어는 자신들이 제공하는 콘텐츠를 통해서만 수용자가 즐길 수 있도록 '수직적' 연결을 했기 때문이다. 그러나 스마트폰의 발달과 소셜 미디어로 인해 가장 크게 달라진 점은 바로 유튜브 같은 동영상 공유 사이트에서 미디어 기업의 관여 없이 수용자 간의 '수평적' 연결이 가능해졌다는 점이다.

1) 달라진 대중의 소비방식

과거 TV와 대중음악은 절대적인 관계로, 생산자와 소비자는 텔레비전을 통해 대부분의 음악을 소비했다. 특히 1980년대 컬러TV 등장 이후 가수들은 자신의 곡과 소속팀을 알리는 방법으로 정통 음악 프로그램과 음반을 선택했고, 대중음악의 주 향유층인 10대 청소년들은 음악을 접하는 주요 창구로 TV를 선택했다. 특히 1980년대와 1990년대 주요 타깃층이 10대 청소년들로 변화하면서 텔레비전의 영향력은 더욱 커졌다. 조용필을 비롯해 이선희, 이문세, 서태지, 조성모에 이르는 스타를 양산했으며, 음악 산업의 중심에는 언제나 TV 음악 프로그램이 있었다.

당시 음악 프로그램이 아닌 예능 프로그램에 출연하는 것은 가수의 본업에 위배된 행위로 간주했고, 정통파 가수일수록 자신의 음반을 중심으로 공연과 음악 프로그램을 통해 활동하는 것이 당연한 시대였다. 엔터테이너라 불리는 몇몇 가수를 제외하고는 대부분 음악 프로그램에서만 볼 수 있었으므로 MBC, KBS, SBS 3사 공중파 매체로 통하는 음악 프로그램의 영향력은 절대적이었다.

1980~1990년대 공중파 음악 프로그램의 파워는 가수들의 음반 수와 직결되었고, 그런 만큼 가수들은 노래보다는 TV 매체에 적합한 가수로서 퍼포먼스와 무대매너에 더욱 힘을 기울였다. 즉, 가수 스스로 텔레비전 매체에 어울리는 매체화 작업을 하면서 '보는 음악'에 중심을 두게 된다.

이와 같은 현상은 2000년대 이후 디지털 시대가 되면서 큰 전환을 맞게 된다. 이 시대의 주 향유층은 TV보다는 스마트 기기를 통한 유튜브 같은 인터넷 동영상으로 모든 것을 대체한다. 이들은 '올드미디어'라 불리는 TV, 라디오, 신문, 잡지 대신 '뉴미디어'인 유튜브, 트위터, 인스타그램, 페이스북 등을 이용한다. 실제로 2000년 이후에 태어난 Z세대는 평소 올드미디어를 거의 접하지 않으며, 대부분의 정보를 인터넷과 소셜 미디어를 통해 얻는다. 주 향유층인 10대의 경우 60%가 유튜브로 음악을 듣는 반면, 21세기의 텔레비전은 어느새 구세대에 익숙한 미디어가 되었다.

21세기 초 10대와 20대인 이들은 대부분의 음악과 정보를 유튜브와 SNS를 통해 접한다. 테크놀로지와 떼려야 뗄 수 없는 관계를 보이는 이들 중 30%는 매일 4개 이상의 스마트 기기를 사용하며, 스마트폰을 하루 평균 43회 확인한다. 또한 이들의 80%는 자신의 소셜 미디어를 하루 7~8회 이용하며, 스마트 기기에 의존하는 라이프스타일을 보인다.

이들은 소셜 미디어에 자신이 좋아하는 음악 또는 자신이 찾은 음악 소식을 리뷰하거나 새롭게 찾은 정보를 포스팅하는 등 SNS를 통해 자신의 아이디어를 공유한다. 이처럼 서로의 아이디어를 SNS를 통해 공유하거나 토론하면서 기존의 자신만이 아는 지식에 대한 경계를 허물고 정보를 공유한다.

이렇듯 주 향유층의 변화는 최근 TV 음악 프로그램이 구세대의 취향에 맞춰 변화하는 것과 일맥상통한다. MBC의 〈복면가왕〉, SBS의 〈K팝스타〉 같은 TV 음악 프로그램은 과거와 달리 기성세대의 관심을 기반으로 유지되고 있다. 여전히 음악 예능 프로그램은 인기를 끌고 있지만,

세대에 따라 구분되고 격차가 점점 벌어지는 현상은 대중음악 자체의 개념을 새롭게 정의하게 만든다.

달라진 21세기 초 대중의 향유방식은 'TV를 중심으로 한 소수의 미디어'에서 '스마트 기기를 중심으로 한 다수의 미디어'로 변화해갔다. SNS라는 미디어 플랫폼을 통해 끊임없이 서로의 의견과 음악을 공유하는 형태로 변화하고 있으며, 스마트 기기 또한 태블릿PC, 웨어러블 기기 등으로 종류가 확장되었다. 그 결과 한 세기를 지배했던 '시청자'라는 개념은 사라지고 '사용자'라는 개념으로 전환되고 있다.

청취환경의 변화와 음악의 BGM화 현상

2000년 이후 서서히 통합적 감각을 몸으로 익힌 대중은 음악을 듣는 방식에서 과거와 다른 변화를 보이게 된다. 이것은 대중음악 청취환경의 변화와도 밀접한 것으로, 인터넷PC나 스마트폰을 이용한 음악 이용자가 많아지면서 더욱 가속화되었다.

과거 음악만을 집중해서 들었던 1차적 감상소비 형태는 2000년 이후 점점 2차적이고 부수적인 방식의 음악 감상으로 변화해갔다. 이는 다양한 기기가 하나로 통합된 감각에 익숙해지면서 음악을 틀어놓고 다른 게임을 하거나, 이동 중에 듣거나, 음악을 들으면서 웹서핑을 하는 것 등이 일상이 되어버렸기 때문이다.

실제로 아래 〈그림 14〉의 '한국콘텐츠진흥원 2019년 음악 이용자 실태조사'에 따르면 음악 감상 시 이용하는 주요 기기로 스마트폰이 가장 많은 비중을 차지했다. 스마트폰(71%), PC/노트북(10%), 라디오(7%) 순으

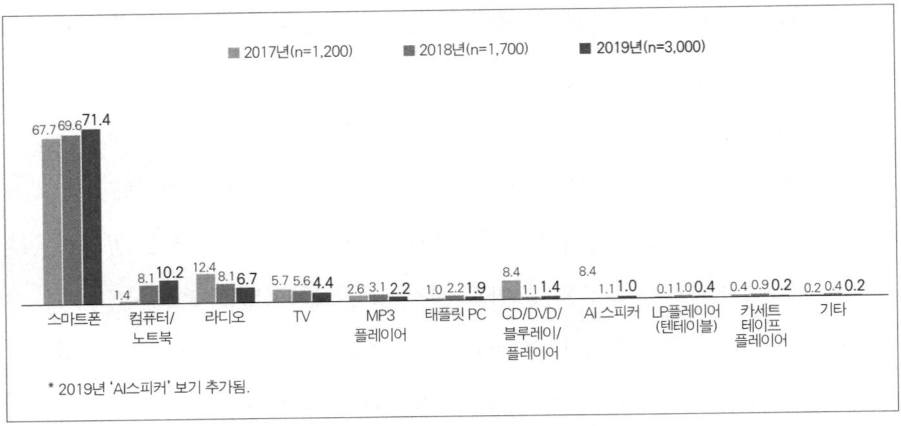

〈그림 14〉 음악 감상 시 이용하는 주요 기기

로 CD나 MP3 플레이어를 사용했던 과거와는 확연히 다른 양상을 나타낸다.

또한 대부분의 이용자는 음악을 주로 이동 시(45.3%) 감상하는 비율이 가장 높았고, 다음으로는 집과 학교, 직장 순으로 감상하는 것으로 조사되었다.

이러한 청취환경의 변화는 음악의 새로운 양상을 야기한다.

첫째, 음악의 역할을 부차적으로 변화시켰다. 21세기의 음악은 어느새 듣기 위해 음악을 트는 행위라기보다는 언제나 일상 속에 함께하는 소리로서 존재하게 되었다.

한 곡의 음악을 듣기 위해 가사와 멜로디에 집중하는 현상은 2000년 이후 찾아보기 어려운 모습이 되었으며, 언제 어디서나 들려오는 BGM의 역할에 충실해진다.

디지털 시대의 이러한 현상은 단순히 음악의 역할 변화에만 머물지 않는다. 가수 이적은 한 특강에서 이러한 음악의 BGM화 현상에 대해 이렇게 토로한다.

이런 시대의 음악은 너무 자의식이 있으면 외면을 받게 된다. 요즘은 음악이 BGM인 시대이고 무엇을 할 때 깔아놓는 게 음악인데 너무 예술가의 고뇌가 들리면, 자의식이 보이면 안 된다. 레스토랑이나 호텔 로비에서는 보통 미뉴에트가 나오지, 베토벤이나 말러, 브람스가 나오면 밥 먹다 체한다. 이런 상황에서 음악은 뭔가 '조율된 소리들'이 필요할 때 그것을 채워주는 기능만을 하는 것이다. 우리 대중음악이 그렇게 되어야 하는 상황이 되었다. 형식적인 변화가 음악 내용의 변화를 가져오게 된 것이다.

그나마 '똥폼' 잡으면서 자의식을 담는 음악을 하려는 사람들은 무력해진다. 무력해지는 게 장인을 나름대로 인정해주면서 장사만 안되는 게 아니고 '대중음악이 원래부터 그런 거 아니냐' 하는 냉소적인 대중의 얼굴들이 느껴진다. '어차피 연예인인데 뭐 하러 힘들게…' 하는 생각이 들면서 앨범을 만들 수 없게 된다. 총체론적 · 존재론적 고민이다.

이러한 가수 이적의 이야기는 21세기 음악이 맞닥뜨린 또 하나의 고민일 것이다. 즉, 음악이 그 자체로서 목적이 되지 못하고 부차적 역할을 함으로써 자의식 강한 음악이 아닌 익숙한 음악만이 살아남게 되는 현실을 비판한 것이다.

이처럼 음악의 BGM화 현상은 단순히 역할 변화에만 머물지 않는다. 통합감각에 따른 이러한 변화는 어렵고 진지한 음악 대신 듣기 편하고 유쾌한 음악 장르의 흐름을 야기한다. 그 대표적인 음악 장르가 바로 일본팝의 한 경향인 시부야케 음악이다.

캐스커와 허밍 어반 스테레오로 대표되는 이 음악은 펑크나 하드코어와는 상반된 달콤하고 발랄하고 상큼한 감성적인 곡들로 큰 인기를 끌었다. 2000년 이후의 음악이 대부분 편안하면서도 유쾌한 음악이 인기를 끄는 요인 또한 이러한 감각 변화에 따른 음악의 BGM화 현상과 밀접하다.

2) 음악과 영상의 일체화

대중음악의 주요 매체가 TV에서 유튜브로 서서히 바뀌면서 음악의 소비패턴도 변화를 보인다. 21세기의 청소년들은 대부분의 음악을 영상으로 접한다. '2019 음악 이용자 실태조사'에 따르면 음악을 듣기 위해 유튜브를 이용하는 인터넷 이용자는 인구의 47%에 달하며, 이 중 16~24세 그룹인 Z세대의 경우 그 수치는 60%에 달한다는 통계가 나왔다. 유튜브 인기 영상의 90%가 뮤직비디오라는 사실은 이러한 현상을 뒷받침하며, 디지털 시대에는 대부분의 음악을 영상으로 접한다는 것을 나타낸다.

Z세대에게 음악이란 영상과 함께 나오는 소리이며, 음악을 '듣는' 행위가 아니라 '보는' 행위로 인식한다. 이것은 음악을 더 이상 네트워크 없

이는 들을 수 없음을 의미한다.

이러한 영상의 일체화는 20세기에도 나타난 바 있다. MTV의 영향으로 영상의 파워가 강력했기 때문이다. 그러나 일부가 아닌 청소년들을 중심으로 한 많은 대중이 대부분의 음악을 영상의 일체적인 부분으로 생각한다는 사실은 디지털 시대의 달라진 감각의 영향이라 할 수 있다.

이러한 음악과 영상의 일체화는 결과적으로 음질의 중요성을 저하시키고 작곡의 변화를 낳는다. 유튜브 같은 영상 사이트를 통해 음악을 들음으로써 소리보다는 음악 퍼포먼스가 중요하게 되고, 미세한 음악적 질이 상대적으로 중요하지 않게 되기 때문이다. 또한 음악의 전체 음역대와 작곡법의 변화를 요구하게 된다. 좋지 않은 음질과 낮은 음량, 외부의 소음은 이런 감상환경에서 매우 높은 음악 수준을 필요로 하기 때문이다.

곡의 전반부터 후반까지 고르게 큰 음량과 고조된 감정으로 관심을 끌어야 하므로 낮고 작은 목소리에도 무게감이 들어가는 창법이 필요하며, 최대한의 음압을 얻기 위해 마스터링 과정에 지나치게 압축하게 된다.

3) 새로운 스타시스템, 프로듀서의 탄생

이러한 21세기 음악과 영상의 일체화는 가사보다는 음악 모드와 퍼포먼스가 더욱 중요해진 양상으로 나타났다. 특히 빠른 비트를 중심으로 퍼포먼스 위주의 감각적인 분위기를 만들고자 하는 공급자와 유튜브의 보는 음악에 익숙해진 수용자의 필요가 맞아떨어지면서 이러한 현상은 극대화되었다.

아날로그 시대의 음악은 가사의 표현이 상당히 중요했다. 어떠한 의식을 담고 있는지, 어떠한 이야기를 하고 싶은지 가사 속에 충분히 녹아나야 했고 그만큼 가사의 스토리나 전체적인 내용이 중요했다. 또한 음악은 아름다운 멜로디를 뽑아내는 것이 중요했으며, 반복보다는 복합적인 음악 구조를 중시했다. 작곡가들은 아름다운 선율에 대한 욕심을 냈으며, 최고의 작곡가는 그러한 리듬과 선율을 뽑아내는 사람이었다.

그러나 2000년 이후로 넘어오면서 이러한 현상은 변화를 맞는다. 감각의 변화와 청취환경의 변화로 내용이 어려운 가사나 화려한 음악은 되레 인기를 끌지 못하게 되면서 내용의 전개보다는 기억하기 쉬운 가사와 선율을 선호하게 되었다. 끊임없이 쏟아져나오는 음악 속에서 한 번만 들어도 귀에 착 감기는 가사와 단순한 선율이 인기를 얻었기 때문이다.

다음은 인기 프로듀서이자 작곡가인 '용감한 형제'의 인터뷰다. 그는 이 시대의 음악 작곡 비결을 다음과 같이 말한다.

노래 전체의 인상을 8마디 안에 짧게 응축적으로 표현하는 게 중요하다. 멜로디를 만들어놓고 편곡하는 게 아니라 반주를 먼저 만든 다음 멜로디를 삽입하는 방법을 좋아한다. 틀에 박히지 않을 수 있고 무한한 변주와 변화가 가능해서다. 난 힙합을 했기 때문에 '라임'을 만드는 데 익숙하다. 그냥 '떠나버려'가 아니라 "떠떠떠떠떠떠나 버버버버버려"(손담비의 〈미쳤어〉), "너와 내가 둘이, 둘이"(애프터스쿨 〈AH〉)로 말의 뉘앙스를 살려 내뱉는다. 노래가 귀에 잘 들어오더라도 반주까

지 쉬워지면 곡이 유치해진다. 가사는 단순하면서 짧게 간다. 한마디로 딱 귀에 들어와야 한다.

이러한 인기 작곡가의 이야기는 디지털 시대의 작곡이 어떻게 이루어지는지를 보여준다. 이처럼 네트워크 접속과 스트리밍으로 인한 음악의 인식 변화, 향유자의 감각 변화는 이들의 작곡을 변화시켰다.

아날로그 시대의 대중음악은 음질을 상당히 중요하게 생각했다. 음질을 높이기 위해 각 악기의 마이킹에 신경을 쓰고, 좋은 음질을 유지하기 위해 앰프나 음향기계에 돈을 들였다. 그러나 디지털 시대에 들어오면서 이러한 현상은 변화하게 된다. MP3의 특성과 청취환경의 변화를 통해 음질보다는 오히려 콘셉트를 강화하는 현상으로 나타난다.

MP3의 압축 원리를 살펴보면 인간이 인지할 수 있는 청각의 한계를 역으로 이용한 인지코딩 기술을 사용한다. 인간의 청각은 큰 소리와 함께 나오는 작은 소리를 들을 수 없다. MP3의 압축 원리는 이와 같이 인간이 듣지 못하는 음역 부분을 과감히 삭제하여 데이터 크기를 줄이는 것으로, 사운드의 질은 일정 수준 하락하지만 그 대신에 사운드 파일의 용량은 대단히 줄어드는 현상을 나타낸다.

과거 3분짜리 음악을 오디오 CD 형태로 담아낼 때 30M쯤 되는 용량을 필요로 했다면, MP3 포맷으로 담아낼 경우 3M의 용량으로 해결된다. 이러한 압축 원리는 메마른 음악이라는 비판에도 편리하게 유통된다. 이처럼 네트워크를 통해 어디서든 공유 가능한 디지털 시대의 음악시장에서 향유자의 감각과 인식 변화는 가사의 스토리나 표현보다는 전체적인 음악 모드와 퍼포먼스를 더욱 강조하게 했다.

이것은 '듣는 음악'에서 '퍼포먼스 중심의 보는 음악'으로의 변화에서 그 원인을 찾을 수 있다. 정보기술의 발달로 빨라진 유통시장의 속도에 맞추기도 쉽지 않고 디지털 기술 발달에 의해 '듣는 음악'에서 '보는 음악'으로의 변화도 적응하기 쉽지 않은 기존의 제작자들에게 새로운 개념을 가진 프로듀서들의 등장은 필연적이었다.

작곡뿐만 아니라 앨범의 콘셉트부터 가사, 앨범 재킷, 안무, 뮤직비디오까지 빨라진 흐름에 맞게 제작자의 일을 대신해줌과 동시에 퍼포먼스를 중심으로 하는 '보는 음악'에 필요한 모든 것을 제시해주었다. 이러한 새로운 개념의 프로듀서들은 제작자의 입장에서는 새로운 유형의 스타시스템이 아닐 수 없다. 스타를 만들어내는 스타 프로듀서들은 주로 작곡가인 본인들이 가사를 썼다.

퍼포먼스를 위한 멜로디에 그 퍼포먼스를 기획한 작곡가들이 그 곡을 가장 잘 알고 있기 때문인데, 그 결과 가사는 주로 멜로디와 퍼포먼스의 느낌을 증폭시키며 춤을 이끌어내는 보조적인 역할을 하게 된다. 이러한 상황에서 순간순간의 멜로디와 어우러지는 뉘앙스를 중시한 가사는 문맥이 끊어지고 앞뒤가 잘 맞지 않거나 뜻도 없는 음절들의 나열 같은 언어파괴 현상을 일으킨다.

2.
앨범 단위에서 개별 곡 단위로

19세기 후반부터 시작된 음악시장의 가장 큰 변화는 '음반 산업'에서 '음원 산업'으로 바뀐 것이다. 음반을 제작하여 판매하는 음반시장은 매출이 급감한 반면, MP3를 판매하는 곡 단위의 음원시장은 점차 증가세를 보이면서 여러 곡이 함께 수록되어 있는 이전의 음반앨범은 쇠퇴하게 된다. 앨범 단위의 구매에서 개별 곡 단위의 구매로 변화한 대중음악시장은 이로 인해 커다란 변화를 보인다.

국내 음반시장은 정보기술의 발달로 오프라인 음반시장에서 온라인 음원시장으로 변화했고, 여러 곡을 한꺼번에 사야 했던 앨범시장에서 마음에 드는 한 곡만 살 수 있는 음원시장으로 변화했다. 그 결과 다수의 트랙이 담긴 음반 대신 싱글음반이 나타나면서 가요계는 음원 중심의 P2P 문화로 자리 잡게 된다. 이러한 음원은 다양한 스마트폰 앱과 웹을 통해 더욱 짧고 간결하게 재매개되어 나타난다.

앨범 단위 구매에서 개별 곡 단위의 구매로 바뀐 가장 큰 원인은 디지털 기술의 영향으로 음악 수용방식과 유통방식의 변화를 가져왔기 때문이다. 과거에는 하나의 앨범에서 한 곡만 히트해도 음반의 판매량이 증가해서 앨범 제작비와 유통비용을 회수할 수 있었다. 그러나 디지털 음원 시장에서는 곡마다 개별적으로 판매하므로 전체 제작비용을 회수하기가 어려워졌다. 따라서 위험 부담을 줄이기 위해 여러 곡이 수록된 앨범으로 발매되던 음반 대신 한두 곡만 실은 싱글앨범으로 발매하기 시작했으며, 그 이후 제작비용이 적은 디지털 음원 형태가 주류를 이루게 되었다. 이러한 디지털 싱글의 보편화는 음악 유통구조를 변화시켰으며 제작사의 비용을 절감했다.

현재 우리나라의 디지털 음원 수익배분 구조는 스트리밍의 경우 유통사가 35%, 제작사가 45%, 나머지 부분을 저작권자(창작자) 및 실연자가 나누도록 되어 있다. 이러한 구조는 앨범 발매에도 영향을 미친다. 기획사 입장에서는 제작 기간도 오래 걸리고 투자한 비용 대비 수익성이 떨어지는 정규앨범보다는 노래 한두 곡만 담은 싱글, 혹은 4곡 정도만 담긴 미니앨범 형태를 중심으로 음원을 발매했을 때 가성비가 높다. 그렇기 때문에 대부분 실물 음반 형태로 발매하지 않는 '디지털 싱글' 형식을 띠며, 특히 싱글의 경우는 실물 음반으로 발매하는 경우라도 소량 한정판으로 발매하는 이른바 '팬 서비스용 상품'인 경우가 대부분이다. 디지털 싱글은 대중음악 산업에서 아이돌과 기획사가 왜곡된 수익구조의 디지털 음원시장에서 선택한 가장 효율적인 방법이라고 할 수 있다.

치열해진 음악 경쟁구도

이렇듯 곡 단위의 음악 산업으로 재편되면서 음악시장의 경쟁은 더욱 치열해졌다. 타이틀곡만으로도 앨범을 구매한 아날로그 시대에는 대중의 입맛에 맞는 타이틀곡과 좀 더 실험적인 곡이 한 앨범에 공존해 있었다. 그러나 한 곡 단위의 음원으로 변화한 디지털 시대의 곡은 철저히 경쟁구도에 돌입하게 되었고, 이로 인해 가수들의 홍보 경쟁도 더욱 치열해졌다. 예능 프로그램을 통해 자신의 이름을 알리고자 하는 가수의 예능화 현상이 뚜렷해졌으며, 홍보 방식 또한 더욱 다양해졌다.

2000년 이후 가수들은 예능 프로그램을 통해 '노래하는 가수'에서 '살아있는 연예인'으로 기억된다. 케이블TV의 인기와 모바일 방송 등 다양한 매체의 분화로 아이돌 그룹들은 음악 프로그램과 다른 캐릭터를 선보이며 시청자에게 친근한 존재로 다가간다. 2PM은 데뷔 직후 〈열혈남아〉로 마니아를 양산했고, 티아라는 음악 프로그램이 아니라 예능 프로그램인 MBC의 〈라디오스타〉로 데뷔했으며, 빅뱅은 데뷔무대를 아예 케이블TV 예능 프로그램을 통해 선보이는 등 차별화된 전략으로 자신들을 각인시키는 노력을 한다. 또한 가수들의 일상을 담은 버라이어티 프로그램이나 모바일 앱을 통해 라이브 방송을 하는 등 21세기의 재매개는 끝없이 계속되고 있다.

3.
음반 중심에서 스트리밍 중심으로

1) 소유의 시대에서 소비의 시대로

음반으로 대표되는 '유형의 음악'에서 MP3로 대표되는 '무형의 음악', 더 나아가 인터넷 접속만으로 들을 수 있는 21세기의 '스트리밍'은 이제까지의 소유적 사고를 소비적 사고로 전환시켰다. 음악을 사서 소유해야 들을 수 있었던 시대에서 일정액을 내면 그 기간 동안 자유롭게 소비할 수 있는 음악 구매의 변화는 많은 것을 바꾸었다.

한국의 음악시장은 스마트폰의 보급과 함께 CD에서 MP3로, MP3에서 스트리밍으로 변화해갔다. 한 달에 일정 금액의 요금을 지불하면 모든 음악을 들을 수 있는 스트리밍은 스마트폰의 등장과 Wi-Fi 존의 확대에 따라 급격히 늘어갔다. 이러한 스트리밍은 과거 자신이 좋아하는 음악을 듣기 위해 음반을 사야 했던 소유의 개념과는 다르다. 스트리밍은 개인이 소유할 수는 없지만 일정액만 내면 한 달 간 어떤 곡이든 마음껏 들을 수 있는 소비의 음악이라는 점에서 과거와는 다른 인식을 요구한다.

아날로그 시대에는 음반을 듣기 위해 출시 날짜를 기다렸다가 음반 가게 앞에 줄을 서서 그 음반을 소유하는 형태를 띠었다. 그러나 디지털 시대에는 MP3를 거쳐 스트리밍의 형태로 오면 출시 날짜에 맞춰 전 세계 음악시장에 동시에 오픈되며, 인터넷에서 클릭만으로 마음껏 다운로드할 수 있게 된다. 향유자는 한 달에 일정액만 내면 무한대로 들을 수 있는 스트리밍을 통해 검색하고 클릭해 음악을 듣게 된다.

실제로 전 세계 음악 산업은 유료 스트리밍 서비스가 확대되면서 2015년부터 본격적으로 성장하기 시작했다. 유 · 무료 스트리밍 음악 매출은 전체 시장의 47%를 차지하며, 다운로드까지 합치면 디지털 매출은 59%의 점유율을 차지한다. 이러한 디지털 매출은 유료 스트리밍 시장의 급격한 성장으로 전년 대비 21%나 성장했다.

〈그림 15〉의 2019년 초 미디어리서치가 발표한 자료에 따르면,

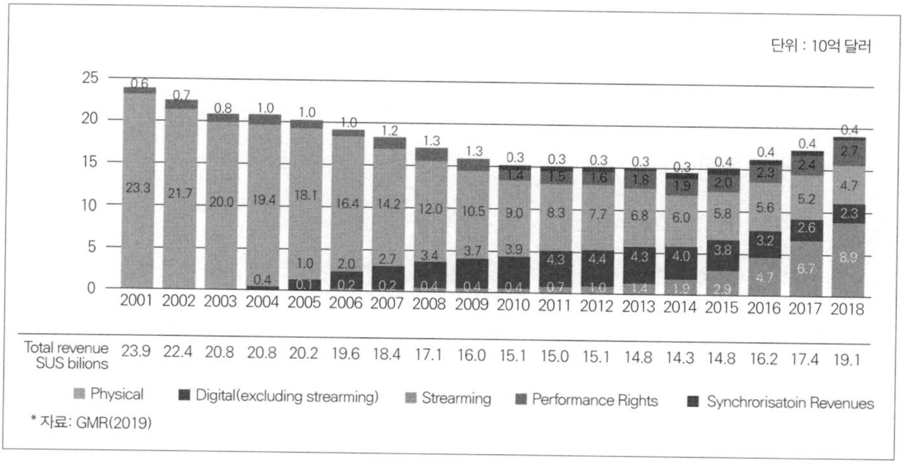

〈그림 15〉 전 세계 레코드음악 산업 매출액 추이(2001~2018)

2018년 음악 스트리밍 서비스 매출규모는 전년 대비 29% 성장한 196억 달러로 집계되었다. 연한 회색의 음반지수가 점차 줄어드는 반면, 연보라색과 진보라색의 디지털 음원은 뚜렷한 성장곡선을 그리고 있다. 특히 연보라색의 스트리밍은 급격한 성장 현상을 볼 수 있으며, 향후 예상되는 시장규모는 2022년 333억 달러, 2026년에는 453억 달러로 8년 사이 2배가 훨씬 넘는 시장으로 성장할 것으로 기대된다.

2) 스트리밍의 영향

이러한 스트리밍 시장의 급격한 매출 성장과 음반사들의 지속적인 투자는 최근 전 세계 음악 산업에 동력이 되어왔다. 특히 유튜브를 비롯한 음악 스트리밍 시장은 음악 팬들이 이전보다 훨씬 쉽게 전 세계의 다양한 음악을 접할 수 있도록 했다. 이것은 음악 산업의 글로벌화를 가속화했고, 국적과 장르가 다양한 음악이 글로벌 시장에서 성공하게 된 계기를 만들었다. 현지 가수의 세계적 성공은 특히 아시아와 라틴아메리카 권역에서 두드러졌다.

특히 'BTS', '블랙핑크' 등의 아이돌 그룹이 이끄는 케이팝은 아시아의 한류를 넘어 세계 음악 산업의 파워 플레이어로 성장하고 있다. 2020년까지 BTS는 미국 빌보드 핫 100과 200 차트에서 총 5회, SM엔터테인먼트의 '슈퍼엠'은 1회 정상에 올랐고, '몬스타엑스'와 'NCT 127', '블랙핑크'가 높은 순위에 오른 바 있다. 이처럼 전 세계에서 동시에 소비되는 스트리밍 시장은 음악 차트에 결정적 영향을 주며 높은 인기를 가늠하는 척도가 된다.

이러한 결과는 '다운로드'라는 소유의 양식에서 '스트리밍'이라는 접속과 소비의 양식으로 변화하고 있음을 보여주는 현상이다. 과거 음반에서 음원으로, 다운로드에서 스트리밍으로 빠르게 이동 중인 대중음악의 소비패턴은 스마트 디바이스 확대와 빠른 속도 및 음질 서비스 개선, 무제한 데이터 확산에 따라 더욱 심화되고 있는 추세다. 모바일에서는 음원을 담는 방식 외에도 벨소리, 컬러링, 동영상 벨 등 다양한 음악 콘텐츠를 소비하는 형식으로 바뀌었다.

이러한 음악 소비방식의 변화는 스마트폰의 보급과 밀접하다. 별도의 오디오 기기나 디지털 플레이어 없이도 스마트폰으로 누구나 쉽게 음악을 듣고 접근할 수 있는 편리한 환경은 라이프스타일의 변화를 가져왔다. 또한 문화 산업의 발전과 함께 위축될 것이라 예상된 라디오를 통한 음악 소비는 KBS '콩', MBC 'mini', SBS '고릴라' 등의 모바일 어플리케이션으로 활성화되었다. 이는 실시간 소통뿐 아니라 해외에서도 들을 수 있어 라디오 청취자는 여전히 라디오를 통해 음악을 소비하게 되었다.

4. 소극적 소비자에서 적극적 프로슈머로

1) 쌍방향 소통의 시대

2000년 이후 나타난 가장 큰 소비의 변화는 공급자와 수용자의 경계가 허물어져간다는 점이다. 문화소통의 쌍방향성을 가능하게 한 디지털 기술의 발전은 향유자로 하여금 단순히 소비자가 아닌 직접 문화의 생산자로 참여하여 스스로 새로운 문화를 창출하는 양상을 가능하게 했다. 인터넷이라는 거대한 공간에 접속해 있는 대중은 문화의 생산에 참여하는 생산자이자 소비자로서 활동이 가능해졌으며, 스마트폰의 대중화 이후 이러한 양상은 더욱 심화되었다.

2000년 이후 디지털 시대의 관객은 과거 가수의 노래를 일방적으로 듣기만 했던 위치에서 다양한 TV 오디션 프로그램을 통해 가수들을 직접 평가하고 그들을 무대에 세우는 평가자로서의 위치를 점유하게 된다. 과거 평가의 위치는 언제나 가수나 전문가의 몫이었음을 생각할 때, 이러한 양상은 이전에는 생각할 수도 없던 획기적인 변화라 할 수 있다.

이러한 음악 프로그램에서 나타나는 관객의 역할은 몇 번의 업그레이드 단계를 거친다. 최근 음악 프로그램의 경우 다방향 소통이 음악 예능 프로그램의 주요 트렌드로 〈듀엣가요제〉, 〈판타스틱 듀오〉, 〈보컬전쟁: 신의 목소리〉 등과 같은 관객 참여형 음악 프로그램이 대세를 이룬다.

이러한 관객 참여형 프로그램은 디지털 기술의 대중화를 전제로 한다. 자신이 잘 부르는 노래를 동영상으로 만들어서 업로드하고, 업로드된 영상에 대해 수많은 일반인이 평가하는 과정 자체가 디지털 기술의 습득이 없으면 불가능하기 때문이다. 음악 예능 프로그램에 깔려 있는 공유, 개방, 참여 등은 디지털이 아니었으면 제한적으로 작동했을 것이다.

공급자와 수용자의 경계 변화는 음악은 '일방적으로 듣는 것'이 아니라 '원하는 곡을 검색해서 듣는 것'이라는 인식에서 출발한다. 디지털 시대에 음악을 '검색'하고, '다운로드'하고, 관련 소프트웨어를 '설치' · '작동'시키며, 소프트웨어를 통해 음악을 '실행'시키는 일련의 과정은 기술의 습득과 대중화를 기반으로 한다. 21세기 이후 시작된 대중음악 수용자의 이러한 적극적인 개입은 이후 검색에서 콘텐츠 생산으로, 생산에서 개인과 개인의 유통으로 확장되어간다. 이러한 수용자의 적극적 향유 방식은 이후 다양한 모바일 앱과 인터넷 웹, SNS를 통해 자신의 음악을 직접 생산하고 그것을 직접 유통하는 개인이 늘기 시작하면서 더욱 확산된다.

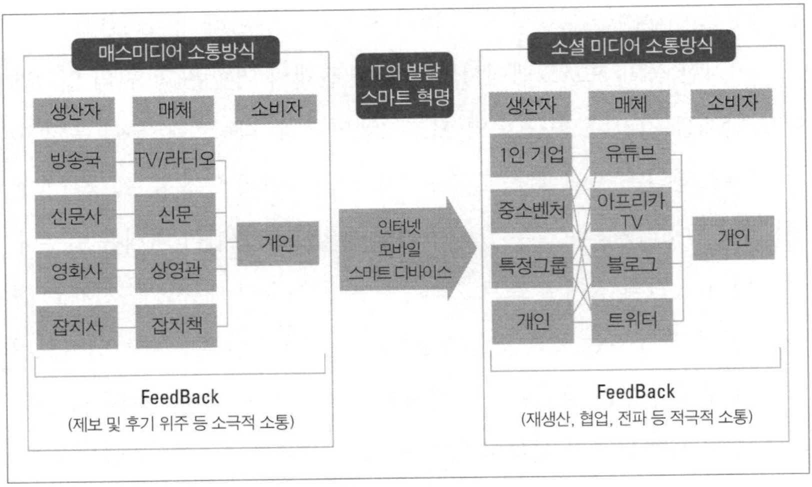

〈그림 16〉 디지털 기술의 발달과 소통방식의 변화

위의 표는 인터넷과 스마트폰의 발달 이후 소통방식이 어떻게 변화했는지를 보여준다. 〈그림 16〉에서 나타난 바와 같이 21세기 이전 시대의 생산자는 대부분 방송국과 신문사, 잡지사 같은 대형 미디어사가 주를 이루었음을 알 수 있다. 그러나 IT의 발달과 소셜 네트워크의 확산 이후 생산자의 주체는 1인 기업과 중소벤처, 개인 등으로 변화해갔다. 특히 스마트폰의 발달로 SNS를 통해 개인과 개인의 정보가 보편화되면서 이러한 현상은 더욱 가속화되었다. 예를 들어 과거 인기가수의 콘서트 현장에 대한 소식의 대부분을 방송 기사나 인쇄로 접했다면, 최근의 접근방식은 자신과 비슷한 팬들이 올린 블로그나 직캠, SNS의 글들을 토대로 의사결정을 하게 된다.

이처럼 21세기 이후 가장 큰 변화 중 하나는 유튜브나 실시간 동영상 스트리밍 SNS의 확산이다. 스마트폰 하나면 수준 높은 사진뿐 아니라 동영상까지 손쉽게 촬영 · 편집 · 공유할 수 있게 되면서 수용자의 실시간 동영상 스트리밍 SNS의 확산 속도는 더욱 빨라졌다. 과거 스타의 음악을 듣고 스타의 동영상을 찾아보는 현상에서 발전하여 모든 자료를 수용자가 찾고 스스로 유통하거나 개인 맞춤형으로 추천되는 빅데이터의 스트리밍 현상으로 나타난 것이다. 아날로그 시대 가수들의 일방향 인기와 비교해볼 때 최근의 이러한 피드백은 공급자와 수용자의 경계가 사라지는 상호작용의 대표적인 사례라 할 수 있다.

2) 팬들의 파워 - 직캠, 커버댄스, 인터넷 밈

글로벌 케이팝 팬들의 능동적이고 독특한 콘텐츠 향유방식은 크게 직캠, 커버댄스, 인터넷 밈 현상 등을 들 수 있다.

팬들의 적극적인 양상 첫 번째는 직캠으로, 팬들이 가수들을 직접 카메라로 찍은 영상이다. 여성 아이돌 그룹인 EXID의 〈위아래〉라는 곡은 발매 후 큰 인기가 없었으나 한 팬의 직캠에 의해 뒤늦게 알려지면서 인터넷을 통해 큰 인기를 누리게 되었다. 이러한 사례에서 보듯 팬들에 의해 뒤늦게 부각되는 노래들이 등장하거나 과거의 곡들이 재매개되는 현상은 21세기 이후 나타난 대표적인 특징으로 꼽을 수 있다. 이러한 팬들의 적극적인 홍보 현상은 SNS를 통해 좋아하는 가수를 알리고 스타에 대한 자신만의 콘텐츠를 발생시키는 방법으로 관심을 표현한다. 음원 사이트나 앱에서 팬들이 스스로 음악 청취 화면을 캡처하고 SNS와 커뮤니티 등에 감상평을 올리거나 직접 가수를 알리는 활동을 함으로써 자신만의 적극적인 콘텐츠를 공급한다.

팬들의 적극적인 양상의 두 번째는 커버댄스를 들 수 있다. 특히 유튜브 같은 소셜 미디어를 적극적으로 활용하는 케이팝 팬들의 행보는 세계적으로도 매우 독특한 방식으로 주목받고 있다.

케이팝의 인기는 가수뿐만 아니라 그들의 춤을 따라 하는 팬들의 커버댄스로부터 시작되었다고 해도 과언이 아니다. 자신들이 좋아하는 아이돌 가수의 춤을 배우고 팬들이 다 함께 모여 똑같이 따라 추는 커버댄스 열풍은 가수의 인기도를 가늠하게 해주는 상징이라 할 수 있다.

이러한 커버댄스는 1회성으로 동작을 따라 하는 것뿐만 아니라 자신들의 커버댄스 영상을 직접 촬영하고 그것을 유튜브에 올려서 유통시키는 구조를 띤다. 이러한 커버댄스 붐은 누가 더 똑같이, 누가 더 많은 이들이 함께했는가를 기준으로 또 하나의 인기 영상이 되기도 하면서 전 세계적으로 커버댄스 붐을 일으켰다. 한국뿐 아니라 세계 곳곳에서 펼쳐진 커버댄스 붐은 케이팝의 인기를 가늠하는 기준이 되었다.

팬들의 적극적 양상 세 번째는 바로 밈 현상이다. 인터넷 밈은 사진 위에 해학적 · 풍자적인 코멘트가 덧붙여진 일종의 합성사진으로 글로벌 케이팝 팬들은 스타의 사진들을 소재로 하여 다양한 종류의 인터넷 밈을 제작한 후 페이스북이나 인스타그램, 블로그 같은 소셜 미디어를 통해 공유한다.

그 대표적인 예로 2020년 큰 화제가 된 '깡' 열풍을 들 수 있다. 가수

‘비’가 2017년 11월 발표한 뮤직비디오 ‘깡’을 희화화한 댓글이나 패러디가 인기를 끌면서 가수 ‘비’의 깡이 역주행한 사례다. 깡 뮤직비디오에 등장하는 과한 설정과 촌스러운 가사, 안무 등을 하나의 웃기는 영상으로 인식하면서 이를 조롱하는 다양한 패러디와 드립 등이 등장했다. “왜 요즘에 활동 안 하세요? 왜 깡깡무소식일깡”부터 “님아, 그 깡을 건너지 마오”, “깡지순례(깡+성지순례)”, “모닝깡” 등 다양한 드립이 등장했다. 매일 깡 뮤직비디오를 보며 실천하는 ‘1일 1깡’ 패러디가 쏟아져나왔고, 그 결과 외면받았던 ‘깡’은 2020년 6월 기준 조회 수 1천만을 훌쩍 넘었고 차트 1위와 각종 CF에도 출연했다. 수용자의 조롱에서 시작한 것이지만, 일종의 놀이가 되면서 노래와 가수 이미지가 긍정적으로 변했다.

과거에는 TV 같은 전통적 매체가 수용자에게 일방적으로 유행을 전달하는 방식이었지만, 지금은 수용자가 직접 유행을 만들어내고 전통 매체가 이를 받아들이는 역전 현상이 일어난다. 과거 가수들의 일방향 인기와 비교해볼 때 최근의 이러한 피드백은 공급자와 수용자의 경계가 사라지는 상호작용의 대표적인 사례라 할 수 있다.

VII

케이팝 산업: 유통의 변화

1. 음원유통사의 파워게임
2. 소셜 미디어에 따른 음악 산업의 변화
3. 유통과 기술의 만남

1.
음원유통사의 파워게임

1) 통신사와 포털의 플랫폼 전쟁

음악 산업은 2000년 이후 본격적인 디지털화에 따라 철저하게 통합된 환경을 제공한다. 아날로그 시대 음악 산업의 중심이 음반사에 있었던 것과 달리 본격적인 디지털 시대인 2000년 이후 음악 산업의 중심이 유통사로 넘어오면서 음원유통사를 둘러싼 합병이 눈에 띄게 늘어났다. 대표적인 음원유통 사이트는 멜론, 벅스, 지니뮤직, VIBE, FLO로 음원 사이트 중 가장 많은 점유율을 나타내는 멜론은 카카오의 소유이고, 지니뮤직은 KT와 LG유플러스가 대주주이며, VIBE는 네이버, FLO는 SK텔레콤이 대주주로 있다.

이처럼 음원 사이트를 두고 통신사와 포털의 싸움은 대중음악 산업의 파워게임이라고 할 정도로 치열하다. 특히 과거 대부분의 음원 사이트가 통신사와 결합해 운영되었다면 최근 들어 대형 포털이 음원유통시장

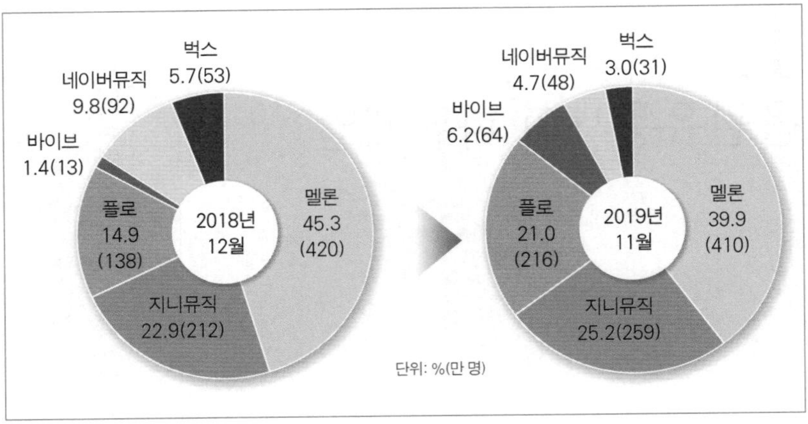

〈그림 17〉 국내 음원 서비스 이용자 수 비교

에 뛰어들면서 플랫폼시장을 재편하고 있다. 이는 기존의 서비스망을 활용해 다양한 형태의 서비스가 가능하다는 점에서 음악시장 전체의 향방을 결정짓는 중요한 요소가 되고 있다.

이렇듯 음원유통사를 둘러싼 대형 포털과 통신사의 경쟁구조는 그만큼 음악 산업에서 음원유통사의 파워가 크다는 사실을 입증한다. 대중음악 산업의 파워란 결국 경제적 가치이며, 이는 곧 수익구조와 밀접하기 때문이다. 2015년까지 저작권 배분방식은 1곡당 작사, 작곡, 편곡 등의 저작권자가 10%, 가수와 연주자 등의 실연자가 6%, 음반제작자가 44%, 음원유통사가 40%의 수익을 갖는 구조였다. 그러나 2016년 이후 정부는 음악 다운로드의 경우 40%에 달하던 유통사의 저작권 비율을 30%로, 스트리밍의 경우 35%로 줄이면서 시스템을 정비하기는 했지만, 콘텐츠 생산이 아닌 유통만 하는 비율로는 여전히 높다는 것이 업계의 공통된 생각이다.

2) 음원유통사 차트의 영향력

차트는 과거부터 현재에 이르기까지 대중음악의 인기를 가늠하는 척도다. 과거 '길보드차트'나 음악방송의 순위는 최신 인기가요의 흐름을 알 수 있는 지표로 여겨졌다. 그러나 디지털 시대가 되면서 유통사의 음원 차트는 오프라인의 순위를 대체하기 시작했고, 멜론 같은 대형 음원유통사가 선보이는 실시간 차트는 인기와 성공의 바로미터가 되었다. 실시간 차트는 단순한 순위를 넘어 수용자에게 절대적 영향을 끼쳤으며, 기호를 결정짓는 잣대가 되었다. 이러한 실시간 차트는 1시간 단위로 갱신되

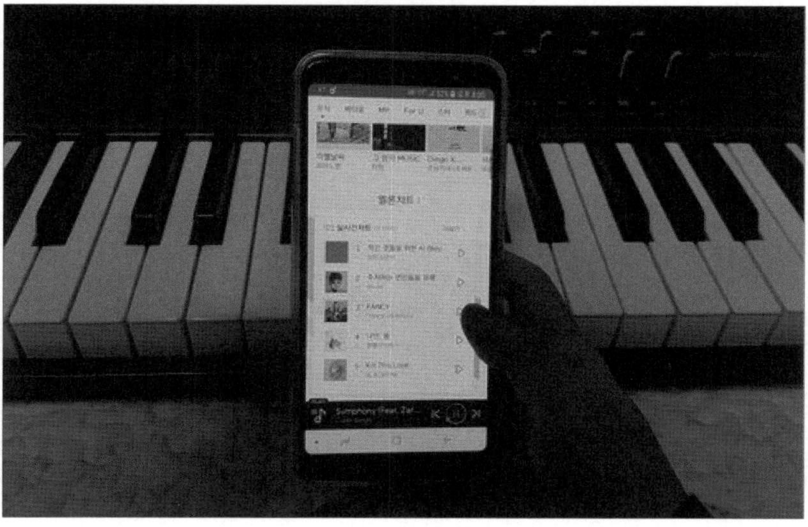

는 동시에 차트의 특성상 '실검성'을 강조하며 '바로 지금' 어떤 곡이 인기가 있는지를 보여준다.

이처럼 실시간 차트는 방송이나 특정 이슈의 화제성을 그대로 반영한다는 장점을 가진다. 예를 들어 지금 방송 중인 〈쇼미더머니〉의 곡이나 〈불후의 명곡〉에서 나온 곡이 화제가 되었다면 그 반응이 소셜 미디어로 확산되고 그 결과가 바로 실시간 차트로 담겨진다. 이처럼 빠르게 변하는 인기의 흐름을 한 주나 한 달 단위가 아닌 1시간 단위로 끊어 보여주는 실시간 차트는 한국 대중음악에서 독특하게 나타나는 특징으로 볼 수 있으며, 소셜 미디어의 '실검성'을 그대로 보여주는 특성이라 할 수 있다.

2000년 이전의 음악 차트는 한 달, 한 주의 인기곡을 기반으로 구성되었다. 그러나 2000년대 중반 이후 음원사이트를 중심으로 집계되는 실시간 차트는 음악의 디지털화를 바탕으로 수용자의 반응을 1시간 단위로 집계해 차트에 반영한다. 소셜 미디어를 통해 '실검성'을 익힌 대중의 감각과 기술의 발전이 음원사이트의 차트 또한 변화시킨 것이다. 특히 세계의 대표적 음악 차트인 '빌보드 핫 100'이 인터넷 음원 다운로드 횟수와 미국 내 라디오방송 청취자 수, 음원 다운로드 횟수, 유튜브 조회 수를 합

산해 주 단위로 순위를 매기는 것과 달리 한국의 음원사이트는 대다수 스트리밍과 음원 다운로드를 기준으로 집계하며 일간 · 주간 · 월간 차트와는 별개로 실시간 차트가 존재했다. 이에 따라 음원시장은 사재기와 차트 조작 등 실시간 차트를 둘러싼 논란에 휩싸이기도 했다.

이러한 논란을 의식한 듯 2020년 들어 음원사이트들에 변화가 생기기 시작했다. FLO를 시작으로 국내 1위의 음원유통사인 멜론이 더 이상 실시간 차트를 올리지 않겠다고 발표한 것이다. 매 시간 단위가 아닌 24시간을 기준으로 차트를 구성해 불필요한 순위 경쟁을 없앤다는 취지이지만, 사실 그 실효성은 의문이다. 자신의 가수들을 올리기 위해 사재기나 스트리밍을 하는 차트 조작이 여전히 가능할 수 있기 때문이다. 이 같은 현상은 음원유통사 입장에서 차트의 중요성이 그만큼 크다는 것을 입증한 셈이다.

이렇듯 한국의 음원시장은 몇 가지 독특한 특징을 가지고 있다.

첫째, 한국의 음원 산업은 음악 콘텐츠 기업이 수직계열화를 이루는 구조가 아니다. 미국의 메이저 레이블이 대부분 홍보와 유통을 책임지고 음악 콘텐츠 생산은 전적으로 독립 레이블과 산하의 독립 프로듀서들에 맡겨 시장 지배력을 강화한 구조를 가지고 있는 데 반해 한국의 음원 산업은 콘텐츠와 디바이스 제작은 타 기업군에서 이루어지고 대기업은 대부분 음원유통만 책임지는 형태를 띠고 있다.

둘째, 한국의 경우 음악 콘텐츠의 생산과 개발, 신인 발굴 등은 할 수 없는 단순 과점 유통구조를 가지고 있다. 그에 반해 워너 같은 미국의 메이저 음반사들은 수직계열화 구조에서도 제작에서 오픈 시스템을 취해 신인가수와 새로운 음악 스타일을 지속적으로 음악시장에 제공하면서 시장을 효율적으로 관리하는 시스템을 가지고 있다. 한국의 음원 산업에서는 단순히 유통구조의 과점이어서 수직계열화에 따른 구조적 문제보다는 음악 콘텐츠 사용료와 수익배분 문제가 가장 크다고 할 수 있다. 그런 만큼 수익배분 문제는 분배비율과 가격을 현실화하는 방안을 놓고 끝없이 논쟁 중이다.

2.
소셜 미디어에 따른 음악 산업의 변화

1) 소셜 미디어와 케이팝

소셜 미디어가 이전의 산업과 가장 다른 점은 음악의 전파가 주로 입소문을 통해 이루어진다는 점, 사용자 간의 자발적인 상호작용에 기반을 두고 있다는 점이다. 음반 기획사의 자본을 바탕으로 TV나 라디오 등의 미디어를 통해 음악을 홍보하던 전통적인 방식과 달리 소셜 미디어 시대에는 막대한 예산 없이도 개인 미디어를 통해 음악을 알리고 향유할 수 있게 되었기 때문이다. 특히 각자의 선호와 개인적인 경험에 따라 가치를 결정하는 음악의 특성상 수용자는 새로운 음악을 접할 때 기본적으로 불확실성에 직면하게 되고, 이를 해소하기 위해 해당 음악에 대한 정보를 더욱 구체적으로 원하게 된다.

이러한 현상은 특히 대중음악에서 뚜렷하게 발현된다. 대중음악은 대량으로 복제되어 퍼지는 미디어에 의존한다는 점에서 기술과 불가분의 관계를 가지며 당대 대중에게 수용된다는 점에서 막강한 힘을 갖기 때문이다. 대중음악은 음악인 동시에 산업의 성격을 지니며, 시장의 원리를 따른다는 점에서 다른 음악과는 차별화된 자신만의 특성을 갖는다.

소셜 미디어 사회에서는 개방적 네트워크를 통해 어디서든 인터넷으로 연결된다. 특히 한국의 1인 1스마트폰 현상은 이러한 연결을 현실화시켰다. 인터넷이 보편화되기 전인 전통 미디어 시대의 경우 정보 공유는 주로 라디오방송을 통한 무료 청취로 이루어졌다면, 인터넷이 보편화된 이후에는 유튜브 같은 무료 동영상 사이트나 P2P 네트워크를 통한 검색과 무료 다운로드, SNS를 통해 이루어지는 것을 알 수 있다. 스마트폰과 소셜 미디어의 발달은 이를 더욱 촉진시켰으며 수용자는 다수의 사람들이 공유한 콘텐츠를 통해 음악에 대한 불확실성을 해소하고, 동시에 음악을 소유가 아닌 소비하게 되며, 최신의 음악을 접하는 경로로 이러한 소셜 미디어를 활용하게 된다.

이처럼 콘텐츠가 소셜 미디어를 통해 퍼지는 과정은 즉시적이며, 하나의 콘텐츠가 복제되어 확산하는 과정은 순간적이다. 수용자가 콘텐츠를 두고 공유가치가 있다고 판단할 때, 그 콘텐츠는 수만 번의 조회 수와 '좋아요'가 뒤따르며 수십만 클릭의 홍보효과를 누린다. 이것이 가능한 이유는 대다수의 사람들이 지인이 공유한 콘텐츠는 무조건적으로 믿는 경향이 있기 때문이며, 관계 맺기로 이루어진 소셜 미디어의 경우 지인의 공유 콘텐츠는 쏟아지는 정보와는 차별화된 것으로 보고 읽힌다. 소셜 미디어를 통해 글과 동영상을 보는 사람이 많은 이유가 여기에 있으며, 확산 속도와 범위가 기존의 미디어와 다른 이유다.

이러한 소셜 미디어의 확산 효과는 한국의 대중음악을 글로벌한 음악으로 탈바꿈시켰다. 케이팝이 글로벌 트렌드가 된 2000년대 중 · 후반은 트위터와 페이스북의 사용자가 급격히 증가한 시기로 케이팝의 다방향적 글로벌화의 시기와 일치한다. 또한 동영상 유통매체인 유튜브는 음원으로는 부족한 공연 퍼포먼스에 대한 갈증을 해소해주었다. 이처럼 트위터와 페이스북 등이 유튜브의 동영상을 링크해주고 의견을 교환하는 글로벌한 창구 역할을 통해 케이팝은 성장했다고 볼 수 있다.

전통적인 미디어의 수용자가 자신들이 소비 · 수용하는 콘텐츠를 자신이 처한 맥락에 따라 능동적으로 '해석'하는 것에 중점을 두었다면, 소셜 미디어 시대의 수용자는 생산과정에 직접 참여하여 자신이 소비 · 향유하는 콘텐츠에 새로운 경제적 가치를 부가한다. 이들은 SNS를 적극 활용하여 생산자 및 같은 수용자 간의 커뮤니케이션을 모두 실행한다는 점에서 과거의 능동적 수용자와는 그 특징이 분명히 다르다. 즉, 지식과 정보를 활용하여 이용자 콘텐츠를 만드는 데서 그치지 않고 소셜 미디어를 통해 적극적으로 유통시킴으로써 궁극적으로 자신을 드러내고자 한다.

또한 스마트폰을 통한 소셜 미디어의 교류가 활발해지면서 대중음악은 음악을 넘어 하나의 콘텐츠로 재편성된다. 소셜 미디어를 통해 음악 영상이나 뮤직비디오를 교류하는 일이 많아지면서 뮤직비디오의 경향은 서사 위주에서 색감이나 톤을 강조한 이미지 중심의 스타일로 바뀌었으며, 영상 또한 3분 이내의 짧은 클립이나 리액션이 주요하게 등장했다. 이제 음악콘텐츠는 나 혼자 즐기는 것이 아닌 누군가에게 전달되어야 그 효과를 기대할 수 있게 되었고, 연결은 대중음악을 확장시키는 더 큰 가치가 되었다.

이처럼 소셜 미디어는 개방적 네트워크를 통한 소통과 관계 맺기로 정의된다. 전통 미디어가 콘텐츠를 일방적으로 수용자에게 전달했다면 소셜 미디어에서는 쌍방향적인 커뮤니케이션, 즉 소통이 이루어진다는 특징이 있다. 또한 이용자 상호 간 접촉을 용이하게 하고 효율성, 즉시성, 이동성 등을 바탕으로 사회적 관계를 형성한다. 이렇듯 수용자가 SNS를 바탕으로 손쉽게 콘텐츠를 공유하는 문화는 생산자와 소비자의 경계를 무너뜨리고, 동영상 콘텐츠를 손쉽게 제작할 수 있는 계기를 낳았으며, 수용자 간의 소통을 통해 자신을 표현하는 수단이 되었다.

2) 동영상 콘텐츠의 대중화

미디어의 발전사를 살펴보면 새로운 기술이 등장할 때마다 그것을 이용해 즐길 수 있는 새로운 콘텐츠가 등장하고, 기술이 진보할수록 콘텐츠에 대한 수요도 빠르게 증가하는 것을 볼 수 있다. 소셜 미디어의 확산과 초고속 인터넷망의 발전에 따라 인터넷 동영상 콘텐츠에 대한 선호가 뚜렷한 현상도 이러한 맥락에서 이해할 수 있다.

2000년 이후 소셜 미디어를 즐기는 청소년들은 대부분의 음악을 영상으로 접한다. 과거 음악만을 집중해서 들었던 1차적 감상소비 형태에서 스마트폰의 발달로 점점 2차적이고 부수적인 방식으로 음악을 소비하는 양상을 보인다. 이는 다양한 기기가 하나로 통합된 감각에 익숙해지면서 음악을 틀어놓고 다른 게임을 하거나 이동 중에 듣거나 음악을 들으면서 웹서핑을 하는 것 등이 일상이 되어버렸기 때문이다.

케이팝에 나타난 유튜브의 비중과 역할

이렇듯 유튜브의 인기는 무료 음악 감상이라는 장점을 넘어 음악과 영상의 일체화를 뜻한다. 특히 소셜 미디어를 중심으로 한 기술의 발전은 수용자의 적극적인 활동을 가능하게 한다. 최근 음원사이트의 중요한 특징은 SNS 서비스를 기반으로 한다는 점이다. 본인이 직접 DJ가 되어 재생 목록을 공유하거나 가수들의 곡과 앨범에 댓글을 남기는 등의 활동을 할 수 있으며, 타 SNS와의 연동서비스로 공유하고 싶은 노래를 상대방에게 추천하기도 한다.

이들은 손쉽게 음악 콘텐츠를 접하고 공유할 뿐만 아니라 프로슈머로서 새로운 음악콘텐츠를 재생산한다. 이러한 수용자의 적극성은 소셜 미디어 시대 이전의 음악 소비 형태와는 완전히 다른 모습을 보여준다. 스마트폰을 기반으로 생겨난 다양한 음악 앱은 기술을 토대로 적극적인 수용자의 참여와 생산을 가능케 했다.

이 중 유튜브로 상징되는 동영상 유통매체는 소셜 미디어의 이용을 통해 문화산업계의 변화를 촉진시킨 중요한 기술적 발전 가운데 하나로 꼽을 수 있다. 2005년에 시작한 유튜브는 별다른 기술적인 배경지식이 없는 사람도 일반적인 인터넷 브라우저만 다룰 줄 안다면 매우 쉽게 동영상을 업로드할 수 있는 플랫폼을 제공했다. 또한 이전의 다른 동영상 공유 사이트들과 달리 동영상 업로드와 재생 속도를 비약적으로 향상시켰다. 유튜브는 URL과 html 코드를 복사해서 붙여넣기만 하면 블로그나 페이스북 같은 다른 소셜 미디어에서도 동영상이 재생될 수 있도록 함으로써 동영상 공유를 손쉽게 했고, 일반적인 수용자의 동영상 제작을 촉진하는 기폭제 역할을 했다.

그에 비해 페이스북은 '친구 맺기'로 연결된 이들에게 공개되며, 사용자는 공유하고자 하는 콘텐츠를 업로드함으로써 전파되는 효과를 가진다. 페이스북의 네트워크 비즈니스 방식은 다른 SNS와의 연결에 개방적인 것이 특징인데, 이는 유튜브에 올라온 영상 콘텐츠들이 사용자의 페이스북 게시물이나 구독하는 페이지에 저장되고 지인의 공유를 통해 영상이 확산되는 이유 중 하나다. 유튜브의 인기 영상이 검색과 추천을 통해 지속적으로 확산되는 반면, 페이스북은 지인의 공유를 통해 영상이 확산되는 셈이다.

이처럼 유튜브의 역할은 소비의 변화뿐 아니라 생산 측면에서도 상당히 중요하다. 싸이(PSY)의 〈강남스타일〉이 글로벌 히트를 친 이후 유튜브는 한국 팬들이 주로 향유하던 케이팝을 세계 팬들에게 널리 소개하는 데 큰 역할을 해왔다. 전 세계적 인기를 누리고 있는 BTS도 초기에는 방송 출연과 관계없이 유튜브에 활발히 퍼포먼스 영상을 업로드함으로써 글로벌 음악 팬덤을 구축하기 시작했다.

이러한 유튜브의 활약은 유명 아이돌에게만 국한되지 않는다. 오히려 인디음악계에서 더욱 중요하다. 대형 기획사와 달리 홍보, 마케팅 비용이 부족한 인디 레이블들에게 유튜브는 국내뿐 아니라 해외로까지 시장을 확대하고 적은 비용으로 큰 효과를 볼 수 있는 홍보, 마케팅 수단이기 때문이다.

또한 유튜브, 인스타그램 등 SNS 기반 플랫폼의 발달로 뮤지션의 데뷔 경로가 기존의 오디션 체제에서 개인 체제로 변하고 있다. '스포티파이 포 아티스트(Spotify for Artist)'는 뮤지션들이 유통사를 거치지 않고 직접 음원을 올려 스트리밍할 수 있도록 하는 서비스다. 이를 위해 스포티파이는 2019년 9월 개인이 직접 가수, 사운드 엔지니어, 프로듀서 등 뮤지션을 소싱해 음악 작업을 완성할 수 있도록 돕는 온라인 플랫폼 '사운드베터'를 인수했다. 더 이상 대형 기획사를 통해 자신을 알리지 않아도 되는 시대가 온 것이다. 이렇듯 음악의 중심매체가 TV 중심에서 유튜브 같은 소셜 네트워크 서비스로 변화하면서 개인의 적극적 소비뿐 아니라 생산도 변화해감을 알 수 있다.

3) 리메이크와 복고 열풍

2000년 이후 한국의 대중음악에서 눈에 띄는 변화는 바로 리메이크와 커버음악의 인기다. 원래 '커버 버전(cover version)'이라는 용어는 리메이크와 커버음악 모두를 포함하지만, 한국의 경우 '기존 가수의 노래를 재해석해 새로운 형태로 부르는' 리메이크와 '원곡과 가깝게 부르는' 리바이벌이 포함된 커버음악이라는 용어를 구분하여 사용해왔다. 이 중에서 리메이크는 2000년대로 넘어오면서 디지털 매체의 발달과 TV 오디션 프로그램의 영향으로 그 수가 폭발적으로 많아졌으며, 현대로 올수록 과거의 곡을 재해석하는 새로운 음악적 경향으로 자리 잡기 시작했다.

이와 달리 커버음악은 원곡 자체를 크게 변형하거나 재해석하기보다 원곡과 가깝게 부르는 리바이벌에 방점을 두고 있다. 특히 전통 미디어 시대의 음악 청취는 자신의 재화가 들어간 소유의 형태를 통해 주로 이루어졌으므로 원본의 아우라가 강조된 반면, 페스티시적 성격을 띤 커버음악은 상대적으로 저평가되었다. 그러나 초고속 인터넷이 상용화된 1999년 이후 한국의 대중음악은 네트워크를 통해 재화가 필요 없는 소비의 형태로 전환되면서 창작에 관한 생각 또한 변화하게 된다.

2004년 페이스북, 2005년 유튜브, 2006년 트위터로 이어지는 SNS의 발달은 수용자에게 빅데이터에 근거한 다양한 맞춤 동영상이나 추천 채널을 공급함으로써 원곡과 커버곡을 동시에 볼 수 있게 했고, 이를 통해 커버음악의 가치가 새롭게 조명되었다. 즉, 오리지널의 가치보다 음악 자체의 새로움이나 퀄리티가 강조되기 시작한 것이다.

특히 유튜브는 자사 플랫폼의 우수 콘텐츠를 확보하기 위해 1인 창작자의 구독자 수, 조회 수, 광고 등의 수입을 수익으로 배분해주는 '유튜브 파트너스 프로그램(Youtube Partners Program)'을 도입했다. 따라서 유튜브 이용자는 검색을 통해 영상을 시청할 수 있으며, 빅데이터에 근거한 '관련 재생 목록', '맞춤 동영상', '추천 채널' 등을 통해 연관된 다른 동영상에 무한 접근할 수 있게 된다. 이는 대중가요 가수의 노래를 듣기 위해 검색하면 해당 영상과 관련된 커버영상까지 검색되는 이유다.

SNS 확장에 따른 커버음악의 인기

이러한 커버음악이나 영상의 경우 대부분 SNS를 통해 확장되는 특징을 갖는다. 빅데이터와 네트워크를 기반으로 무한 공유되는 SNS는 커버곡의 열풍을 더욱 가속화시켰으며, 그 결과 커버곡이나 커버영상 때문에 원곡이 다시 인기를 얻게 되는 사례가 속속 나타나기도 했다. 유튜브의 인기와 더불어 통합감각적으로 느낄 수 있는 커버영상으로의 확대는 원곡 가수와는 또 다른 커버 전문가수를 탄생시켰으며, 그 대표적인 사례로 제이플라(J.fla)나 미교를 들 수 있다.

〈표 18〉 국내 유튜브 순위(2018)

	사이트명	구독자 수	장르	가입연도
1	토이푸딩TV	17,927,079	토이	2014
2	빅히트엔터테인먼트	15,396,209	음악	2008
3	SMTOWN	15,385,533	음악	2006
4	1theK	12,565,393	음악	2011
5	싸이	12,142,289	음악	2010
6	블랙핑크	11,008,235	음악	2016
7	1Million dance studio	10,743,600	댄스	2015
8	방탄TV	10,665,013	음악	2016
9	Pinkfong kids'songs & stories	9,916,547	유아	2011
10	빅뱅	9,845,834	음악	2005
11	JYP엔터테인먼트	9,291,572	음악	2008
12	제이플라 music	8,681,464	커버음악	2011
13	Mnet K-pop	7,483,742	음악	2006

〈표 18〉은 구독자 수를 중심으로 한국에서 가장 사랑받는 유튜브의 순위를 매긴 표다.

위의 〈표 18〉을 살펴보면 국내 유튜브 중 커버 전문가수인 제이플라의 사이트는 구독자 수만 860만 명이 넘어서며 국내의 전체 장르를 통틀어 12위, 음악 장르의 경우 싸이와 BTS 등 세계적인 가수의 뒤를 이어 9위를 기록하고 있음을 알 수 있다. 이처럼 전통 미디어에서는 상상할 수 없었던 커버영상의 인기는 원곡과 커버곡의 평가기준이 다르지 않음을 상징한다.

또한 2000년 이전 커버곡의 경우 대부분 가수들이 불렀으나 유튜브 같은 동영상 플랫폼의 발달로 일반인을 포함한 다양한 커버 전문가수가 등장하게 되었다. 소셜 미디어의 커버곡은 커버영상으로 확장되었고, 더 나아가 빅데이터를 기반으로 한 관련 영상 추천은 커버곡을 원곡과 동등한 음악이자 하나의 음악 장르로 구축하게 했다.

이러한 리메이크와 커버음악의 열풍은 결국 창작의 가치변화를 뜻한다. 그 어떤 기술의 변화도 대중의 가치와 동의를 얻지 못하면 인기를 끌 수 없기 때문이다. 현대의 감성을 표방한 리메이크와 커버음악의 열풍은 세련되고 듣기 좋은 곡이기만 하다면 굳이 원곡을 따질 필요가 없다는 대중의 가치변화이자 아우라의 쇠락을 의미한다. 또한 편집의 시대에 창작의 의미 또한 변화해간다는 것을 반증한다.

대중음악의 복고 열풍

2000년 이후 눈여겨봐야 할 현상이 있다. 바로 대중음악의 복고 현상이다. 현대사회에서 복고는 하나의 트렌드이자 빼놓을 수 없는 마케팅 유형이다. 특정한 시대의 문화가 추억되고 재생산되는 복고 현상은 국내외를 막론하고 문화와 산업에서 늘 되풀이되어온 자연스러운 현상이다. 이는 새로운 것을 만들어내기보다는 기존의 것들을 재조합해 배치하는 현대 대중문화의 본질이기도 하다.

이러한 것을 증명하듯 사회가 급격하게 발달할수록 과거의 문화로 되돌아가고자 하는 회귀본능은 대중음악의 오래된 패턴으로 음악 전반에 두드러지게 나타났다. 음악 소비방식의 급격한 변화가 대중에게 피로감을 주면서 과거의 오래된 것들에 대한 향수와 함께 아날로그 매체가 부활하고, 과거의 인기가수들이 다시금 인기를 얻게 된 것이다.

그러나 2000년 이후의 복고 현상은 과거와는 다른 특징을 보인다. 한 곡씩 인기를 끌던 과거와 달리 요즘처럼 한 시대가 통째로 소환되어 길고도 광범위하게 소비된 역사는 찾기 어렵기 때문이다. 또한 먼 과거를 추억했던 2000년 이전의 복고 현상에 비해 최근에 나타난 현상은 가까운 과거가 추억의 대상이 되었다는 점이다.

이러한 사실을 바탕으로 21세기 이후 대중음악의 복고 현상은 다음과 같은 특징을 갖는다.

첫째, 아날로그적 감성을 그리워하는 중 · 장년층과 음악을 흘려버리듯 소비하는 데 지친 10대, 20대의 관심이 하나의 트렌드로 모아지면서 LP와 카세트테이프의 부활로 나타났다. 그 예로 2016년 원더걸스, 지드래곤, 샤이니, 버스커버스커 등 최신 유명 가수들이 한정판 LP를 선보여 흥행에 성공했으며, 2017년에는 카세트테이프와 USB가 인기를 끌었다. 이러한 레트로 현상은 무형의 디지털 음원과 달리 직접 틀고 보유할 수 있는 유형의 감수성을 선호하는 사람들이 증가함을 의미한다.

둘째, 한 장르, 한 세대가 통째로 소환되는 음악의 복고 현상이다. 한국의 대중음악에서 복고 현상은 늘 있어왔다. 그러나 2010년 MBC 한 예능 프로그램의 '세시봉' 출연을 시작으로 나타난 포크의 폭발적 인기는 이전과는 다른 한국 대중문화계의 복고 열풍을 가져왔다. 1~2년에 걸친 포크의 반짝인기는 386세대의 향수를 바탕으로 새로운 음악시장을 형성했다. 이러한 복고 열풍은 '1990년대 대중음악 열풍'으로 이어져 2014년 〈무한도전〉의 '토요일 토요일은 가수다' 코너를 통해 재점화되었다. 추억의 청소년기를 그리워하는 30~40대의 뜨거운 반응은 1990년대 댄스스타였던 god, 젝스키스, H.O.T., 신화 등의 재결합으로 이어지면서 2~3년간 큰 인기를 끌었다.

한동안 잠잠했던 복고 열풍은 TV조선의 2019년 〈미스트롯〉, 2020년 〈미스터트롯〉이라는 경연 프로그램으로 또 한 번 재점화된다. 사그라들었던 '트로트'라는 장르는 21세기 트로트 스타를 발굴하며 새로운 복고 열풍을 일으켰으며, 베이비부머 세대를 중심으로 인기를 끌었다. 베이비부머 세대는 트로트를 통해 추억의 향수를, 젊은 세대는 낯선 장르라는 신선함으로 받아들이면서 뉴트로의 시대를 이어나갔다.

이 같은 트로트 열풍은 비슷한 프로그램을 내세우며 끊임없이 재매개되었으며, 새로운 트로트 스타들은 광고와 예능 프로그램을 넘나들며

인기를 끌어갔다.

이처럼 대중음악의 복고 현상은 2010년 이후 '1970년대 포크음악'에서 '1990년대 댄스음악'으로, '1980~1990년대 트로트음악'으로 연결되었다. 복고 열풍은 새로운 음악 수요층을 찾고 있던 생산자와 빠르게 변하는 속도에 지친 기존 세대의 욕구가 맞아떨어지면서 나타나는 음악 산업의 주요 패턴으로 볼 수 있다.

이러한 과거 음악으로의 회귀 현상은 마셜 매클루언을 비롯한 학자들이 주목한 음악 역사의 주요 패턴이다. 레트로 열풍은 언제나 과거 곡들의 재발매를 통해 새로운 테크놀로지가 감수해야 할 충격에 대한 완충 역할을 했다. 15세기 인쇄술이 고대의 고전 텍스트를 대거 발행하는 계기가 되었던 것처럼 인터넷은 오래된 앨범커버나 예전의 퍼블릭 도메인 음반을 광범위하게 소통시킴으로써 과거를 재조명했다. 그럼에도 독특한 점은 한국 대중음악 역사상 현재에 이르기까지 최근처럼 이렇게 한 세대, 한 장르가 통째로 소환된 복고 양상이 없었다는 것이다. 이는 2000년 이전의 시대와는 급격히 다른 사회의 빠른 변화에 적응하고자 하는 인간의 불안과 맞닿아 있음을 보여준다.

개인 인터넷 방송의 인기

소셜 미디어의 영향으로 나타난 대중음악의 변화 중 하나는 바로 현재를 기반으로 한 '실검성'*이다. 이러한 실검성은 기존의 방송국이 아닌 개인 인터넷 방송에서도 뚜렷하게 나타난다. 개인 인터넷 방송은 진행하는 BJ(Broadcasting Jockey)가 누구인가에 따라 크게 두 가지로 나뉜다. 첫 번째는 일반인을 포함해 누구든 BJ가 될 수 있는 개인 인터넷 방송으로 아프리카TV, 유튜브 같은 동영상 플랫폼은 먹방, 텔레비전 콘텐츠, 게임, 스포츠와 함께 음악을 소재로 다양한 BJ가 활동하고 있다. 이러한 개인 인터넷 방송은 멘트와 함께 음악을 재생하는 라디오 형식의 프로그램뿐만 아니라 춤추는 모습을 보여주는 '보이는 라디오' 형식, 기존의 음악 프로그램을 편집해 보여주는 인터넷 방송 등 다양한 형식으로 나타난다. 이 모든 것은 수용자의 조회 수와 실시간 채팅, 별풍선 같은 실시간 상호작용을 통해 인기를 얻는다.

아프리카TV, 유튜브가 일반인 중심의 인터넷 개인방송이었다면 두 번째는 스타들이 진행하는 개인 인터넷 방송으로 네이버의 'V LIVE(브이앱)'을 들 수 있다. 브이앱의 경우 전체 사용자 중 해외 사용자의 비율이

---

* '실검성'이란 영어로 'real time' 혹은 중국어로 'Xianzai'에 해당하는 개념으로, 저자는 현시점의 수용자 형태 및 행위를 강조하는 실시간적 용어로 정의한다. 흔히 실시간 검색이라는 뜻의 '실검'으로 대중문화 산업에서 사용되며, 저자는 이러한 의미를 확장하여 현재 시점을 기반해 실시간으로 일어나는 모든 현상을 통틀어 '실검성'으로 정의하고자 한다.

70%를 넘는 플랫폼으로, 스타들이 직접 진행하면서 평소 볼 수 없었던 개인적인 모습과 소통을 통해 큰 인기를 끌고 있다. 이들은 실시간 방송을 표방하며 수용자와 채팅을 나누거나 수용자가 실시간으로 요구하는 것을 스타 진행자가 바로 반영하는 등 즉각적 소통을 특징으로 한다.

이처럼 차트와 개인 인터넷 방송에서 볼 수 있는 '실검성'은 수용자와의 즉각적 소통과 그들의 음악 취향을 그대로 반영한다는 측면에서 소셜 미디어를 통해 강화된 한국 대중음악 산업의 특성이라 볼 수 있다.

3.
유통과 기술의 만남

1) 빅데이터를 통한 개인 취향의 극대화

소셜 미디어 시대 동영상 콘텐츠와 함께 나타난 또 하나의 특징은 빅데이터나 인공지능의 발달로 인해 개인 맞춤형 음악 서비스가 가능하게 되고, 이를 통해 소통하는 음악의 개인화 현상이 뚜렷해졌다는 점이다. 다수의 인기곡뿐 아니라 각각의 음악 취향을 고려한 개인 맞춤형 음악 서비스가 늘어나면서 다양한 음악 재생 프로그램이 등장했다. 과거 대부분의 음악 사이트가 인기 있는 10대 위주의 음악 콘텐츠를 내세운 데 반해 기술의 발달로 인해 개인의 취향과 선호음악을 파악할 수 있게 되면서 개인차트, 개인라디오 등 맞춤형 콘텐츠가 인기를 끌게 되었다. 이러한 개인 맞춤형 시스템의 인기는 음악뿐만 아니라 전 장르에 퍼진 주요한 흐름으로, 빅데이터 기술과 인공지능을 통해 개인이 이제까지 듣고 보았던 콘텐츠를 추출하게 되면서 모든 음악이 개인의 자기표현을 최적화할 수 있는 구도로 시스템화되었다.

이처럼 소셜 미디어를 통해 추천되는 음악 목록과 개인 취향의 동영상은 기술과 대중음악 콘텐츠의 결합으로 가능하게 되었다. 최근 몇 년간 유통사와 음악 콘텐츠 회사의 결합이 현실화되면서 2016년 카카오의 자회사인 카카오M과 멜론이, 2017년 네이버와 YG엔터테인먼트가, 2018년에는 SKT가 SM엔터테인먼트, JYP, 빅히트와 손을 잡으면서 기술과 음악 콘텐츠의 결합이 본격화되었기 때문이다. 특히 카카오뮤직과 라인뮤직의 경우 소셜 미디어와 음악 콘텐츠를 결합한 대표적 사례로 들 수 있으며, 음악을 통해 개인의 취향을 공유할 수 있는 원스톱 시스템을 가능하게 했다는 점에서 주목된다.

이 모든 변화의 키워드는 '개인화'이며, 음악을 통해 자신을 표현하고 관계 맺고 싶은 수용자의 기호가 소셜 미디어로 인해 더욱 강화된 것이라 할 수 있다.

과거 오프라인 음반 시대에는 하나의 음반에 10여 곡이 순서대로 들어 있어 청취자가 할 수 있는 음악 소비란 구매할 음반을 선택하는 데 그치는 경우가 대부분이었다. 그러나 디지털 음악 시대로 넘어오면서 소비자는 수백, 수천만 곡의 음원 pool에서 직접 고르고 선택해야 음악을 들을 수 있게 되었다. 이에 따라 음원의 검색기능 외에 곡을 추천하는 큐레이션 기능이 중요해졌다. 큐레이션 기능은 처음에는 최신곡을 소개하거나 인기 순위를 발표하는 차트 형식이 대부분이었으나 점차 장르별, 테마별, 아티스트별 등 분류 카테고리가 다양해졌다. 최근에는 플레이리스트를 공유하는 등 더욱 다양한 방식으로 분화되고 있으며, 이들 모두 소비자에게 맞는 개인 취향의 극대화를 꾀한다는 점에서 진화하고 있다. 또한 코로나19 이후 비대면 사회가 자리 잡게 되면서 음악 유통 또한 온라인 시장으로 다각화되었으며, 이에 유통과 기술은 더욱 밀접한 관계로 변화하고 있다.

2000년 이후 음악 산업에 나타난 새로운 측면은 많은 결정이 인터넷이나 스마트폰으로 쉽게 이루어진다는 점이다. 이것은 멜론 같은 음원 유통 사이트에서 이용자의 빅데이터를 이용해 과거 4년 전 자신이 가장 많이 들었던 음악들을 편집해 들려주거나 개인 취향에 맞춰 선곡을 제시하는 기술력이 가능해졌다는 데 있다. 또한 인스타그램이나 페이스북 같은 SNS에서도 빅데이터가 작용하여 사용자가 클릭했던 음악이나 동영상들이 추천 화면으로 자연스럽게 뜨는 것을 볼 수 있다. 이러한 형식의 추천과 매개는 곧 상품의 스트리밍으로 이어지며, 이 모든 것이 하나의 재생기기에서 펼쳐진다는 점을 전제한다. 디지털 매체의 편리함은 더 편리하게, 더 개인 취향으로 업그레이드되어 나타난다.

이와 같이 음원시장은 추천, 매개, 전송 미디어와 유통채널, 재생기기가 하나의 매체를 통해 이루어지면서 통합된 서비스가 가능해졌다. 예를 들어 벅스, 멜론 등 음원제공 사이트에서 음악을 들을 경우 전송으로 인한 맛보기 경험과 구매결정, 구매행위와 청취가 같은 장소에서 이루어지게 된다. 이러한 경향은 스마트폰으로 상징되는 2010년대로 넘어오면서 더욱 편리해진 온라인 음악 사이트의 추천, 매개, 선택이 통합적으로 이루어지는 환경 변화로 나타난다.

그 대표적 예인 카카오의 '멜론'은 국민 메신저로 자리 잡은 '카카오톡'과의 연동은 물론, 최근 10~20대에게 인기 있는 앱인 '틱톡'과도 연동하기 시작했다. 멜론에서 '틱톡' 메뉴를 선택하면 틱톡과 연결되어 관련 영상이나 음악정보를 감상할 수 있다. 이 외에도 AI 기반 개인화 큐레이션을 비롯해 12만 개의 플레이리스트를 통해 이용자별 음악 감상 경험을 제공하고 있다.

지니뮤직은 최근 CJ디지털뮤직을 합병한 후 기존 음원 제공 서비스에 CJ의 영상 콘텐츠를 활용한 서비스를 대폭 강화했다. 방송 프로그램 〈쇼미더머니〉, 〈고등래퍼〉의 음원과 드라마 OST 등 CJ ENM이 제작한 모든 음악 콘텐츠 유통권을 확보하면서 실적과 점유율을 끌어올렸다. 이러한 지니뮤직과 엠넷 서비스의 통합으로 수용자는 인공지능(AI) 기술 기반의 음악 서비스를 통해 더욱 풍부한 음악과 영상 콘텐츠를 즐길 수 있는 새로운 플랫폼 서비스를 제공받게 되었다.

인공지능과 스마트 스피커

음원 스트리밍 시장의 성장과 함께 향후 음악 산업을 주도할 핵심 파생 산업으로 주목되는 것은 바로 스마트 스피커와 웨어러블 기기 같은 하드웨어다. 특히 스마트 스피커가 음원 서비스 간 경쟁에 새로운 화두가 되고 있는 가운데 2018년 스마트 스피커 시장규모는 전년 대비 63%나 성장한 41억 달러로 추정되었다. 국내의 경우 스마트 스피커 이용자가 가장 많이 사용하는 기능은 음악 선곡과 검색으로, 전체 응답자의 57%가 이 기능을 사용하는 것으로 조사되었다.

이렇듯 스마트 스피커의 발전이 기대되는 만큼 이동통신사들이 스피커 시장의 절반 이상을 차지하고 있다. 2018년 기준 KT가 국내 스마트 스피커 시장의 39%를 차지하고 있고, 그 뒤로 SK텔레콤이 26%, LG유플러스와의 제휴를 통한 네이버가 16%의 점유율을 보였다.

이처럼 21세기는 끝없는 환경 변화와 통합기술을 통해 향유자의 감각 변화를 낳았다. 음원사이트를 비롯한 다양한 콘텐츠사들은 그러한 변화에 촉각을 세우며 끊임없이 기술과의 만남을 시도한다. 최근 한국도 IT 기술을 활용한 음악 컨버전스 사업 확장과 함께 AI 음원 재생 서비스, 빅데이터를 활용한 맞춤형 음원 추천 기능 등 다양한 기술적 환경을 통해 통합적 감각을 변형하고 있다.

2) 5G와 AR · VR 시장

2019년 5G 상용화 시대가 열리면서 대중음악 콘텐츠 산업에서 가장 직접적인 영향을 받은 것은 유통구조의 변화다. 인터넷이 곧 미디어가 되는 유통구조 속에서 음악, 방송, 영화, 게임 등 개별 소비 미디어를 가지고 있던 콘텐츠 장르의 경계는 점점 더 허물어져가고 있으며, 이에 따라 기술의 접목 또한 다양해지고 있다.

음악 산업과 관련된 AR · VR 콘텐츠 개발에서 가장 핵심이 되는 것은 360° 실감형 영상으로, 유명 가수의 공연실황이나 아이돌 팬들을 겨냥한 스타 관련 영상 등이다. 특히 코로나19의 영향으로 현장에서 보는 공연 대신 비대면 온라인 공연시장이 폭발적으로 커지면서 유튜브와는 또 다른 실감형 공연기술이 더욱 주목되었다.

실제로 SM엔터테인먼트는 코로나19 발생 이후인 2020년 6월 SK텔레콤과 함께 세계 최초 온라인 전용 유료 콘서트인 'Beyond live'를 선보였다. SM의 슈퍼주니어는 130분간 온라인에서 3D 혼합현실 공연을 펼쳤는데, 전 세계 온라인 관객 수 12만 3천 명에 이르는 뜨거운 반응을 이끌어냈다. 또한 CJ ENM은 온라인을 기반으로 한 세계 최대 한류 페스티벌 'KCON 콘서트'를 인터랙티브 기술을 기반으로 펼쳐낸 바 있다.

이처럼 AR · VR 기술을 기반으로 한 온라인 콘서트는 콘텐츠와 기술이 결합한 또 다른 공연시장으로 주목받고 있다. 이제 음악 콘텐츠는 단순히 음원을 서비스하는 것을 넘어 가상현실, 증강현실, 홀로그램 콘텐츠 등 영상과 기술이 접목된 콘텐츠로 다양화되고 있다.

2019년 SM엔터테인먼트는 SKT와 제휴를 맺고 케이팝과 5G, VR, AR을 결합한 '넥스트 엔터테인먼트' 시대를 표방했다. 케이팝 스타와 함께 춤과 노래를 즐기는 노래방 앱 '에브리싱 VR', '댄싱 VR'은 넥스트엔

터테인먼트의 첫 단계로 2019년 라스베이거스에서 개최된 'CES 2019'에서도 시연된 바 있다. 또한 SK텔레콤의 VR 서비스 '실감형 아이돌 방송'과 '뮤직 멀티뷰', KT의 VR 기반 1인 생방송 앱 '리얼 360'과 '뮤지션 라이브' 서비스, LG유플러스의 VR 기기를 이용한 아이돌 콘텐츠 및 공연실황 서비스 등 음악 콘텐츠와 기술의 만남은 끝없이 진화 중이다.

참고문헌

1. 단행본, 연구서

강상현, 《디지털시대 미디어의 이해와 활용》, 한나래, 2009.

김대호 · 김성철, 《소셜 미디어》, 커뮤니케이션북스, 2012.

김병오, 〈대중음악과 테크놀로지〉, 《대중음악의 이해》, 한울, 2012.

김영석, 《스마트 미디어》, 나남, 2015.

김예란, 《말의 표정들: 미디어 문화의 실천과 소통의 윤리》, 문학과 지성사, 2014.

김지현, 《포스트스마트폰 경계의 붕괴》, 위즈덤하우스, 2013.

김창남, 《대중문화의 이해》, 한울, 2012.

______, 《대중음악의 이해》, 한울, 2015.

도준호, 〈인터넷과 포털〉, 《디지털 시대 미디어의 이해와 활용》, 한나래, 2015.

박선민, 《대중가요 리메이크와 복고》, 커뮤니케이션북스, 2015.

박영욱, 《매체, 매체예술 그리고 철학》, 향연, 2008.

박형준, 《BTS 마케팅》, 21세기북스, 2018.

삼성경제연구소, 《통신기업의 콘텐츠산업 진입: 의미와 전망》, 2006.

성우진, 〈1980년대 한국대중음악 엔터테인먼트 산업〉, 《대중음악SOUND》, Vol.5, 2012.

손병우, 〈라디오/텔레비전〉, 《대중매체의 이해와 활용》, 한나래, 2002.

신현준, 〈대중음악/음반〉, 《대중매체의 이해와 활용》, 한나래, 2002.

______, 《가요 케이팝 그 너머》, 돌베개, 2013.

______, 《글로벌, 로컬, 한국의 음악 산업》, 한나래, 2002.

심혜련, 《20세기의 매체철학》, 그린비, 2012.

오택섭 · 강현두 외, 《미디어와 정보사회》, 나남, 2003.

원용진, 〈한국 텔레비전 50년과 대중문화〉, 《한국텔레비전 방송 50년》, 커뮤니케이션북스, 2011.

유재천 · 김대호 외, 《디지털 컨버전스》, 커뮤니케이션북스, 2005.

이규탁, 《대중음악의 세계와와 디지털화》, 커뮤니케이션북스, 2016.

______, 《케이팝의 시대》, 한울아카데미, 2016.

이경훈, 《디지털 콘텐츠 퍼블리싱》, 한국출판마케팅연구소, 2013.

이동연, 《문화부족의 사회》, 책세상, 2005.

______, 〈대중음악과 수용자〉, 《대중음악의 이해》, 한울, 2012.

이수범, 《디지털 시대의 음악산업》, 한울, 2012.

이영미, 《한국대중가요사》, 시공사, 1998.

______, 《대중예술본색》, 우리교육, 2016.

______, 《한국대중예술사, 신파성으로 읽다》, 푸른역사, 2016.

이재현, 《모바일 미디어》, 커뮤니케이션북스, 2013.

______, 《디지털 문화》, 커뮤니케이션북스, 2013.

이정엽, 〈대중음악과 산업〉, 《대중음악의 이해》, 한울, 2012.

이지영, 《BTS 예술혁명》, 파레시아, 2018.

장유정, 《오빠는 풍각쟁이야》, 황금가지, 2006.

______, 《근대 대중음악의 매체와 문화》, 소명출판, 2012.

장유정 · 서병기, 《한국 대중음악사 개론》, 성안당, 2015.

조은하, 《디지털 리터러시》, 한국학술정보, 2008.

주창윤, 《허기사회》, 글항아리, 2013.

차우진, 〈대중음악과 세대〉, 《대중음악의 이해》, 한울, 2012.

______, 《한시대의 분기점: 강남 스타일과 유튜브》, 웹진 웨이브, 2012.

최연구, 《문화콘텐츠란 무엇인가》, 살림출판사, 2006.

천현순, 《매체, 지각을 흔들다》, 그린비, 2012.

커넥팅랩, 《2017 모바일트렌드》, 미래의 창, 2016.

타파크로스, 《빅데이터로 보는 밀레니얼 세대》, 북투데이, 2017.

래리 스타, 크리스토퍼 워터먼, 김영대 · 조일동 역, 《미국 대중음악》, 한울, 2010.

마샬 맥루한, 임상원 역, 《구텐베르크 은하계》, 커뮤니케이션북스, 2001.

마셜 맥루한, 김성기 · 이한우 역, 《미디어의 이해: 인간의 확장》, 민음사, 2002.

마크 카츠, 허진 역, 《소리를 잡아라》, 마티, 2006.

사이먼 프리스 외, 장호연 역, 《케임브리지 대중음악의 이해》, 한나래, 2005.

사이먼 프리스, 권영성 · 김공수 역, 《사운드의 힘: 록 음악의 사회학》, 한나래, 1995.

일레인 볼드윈 외, 조애라 외 역, 《문화코드 어떻게 읽을 것인가: 문화연구의 이론과 실제》, 한울, 2008.

질베르 시몽동, 김재희 역, 《기술적 대상들의 존재 양식에 대하여》, 그린비, 2011.

프리드리히 키틀러, 윤원화 역, 《기록시스템 1800 · 1900》, 문학동네, 2015.

피에르 부르디외, 최종철 역, 《구별짓기: 문화와 취향의 사회학》, 새물결, 2005.

필립 M. 나폴리, 백영민 · 오현경 역, 《수용자 진화》, 나남. 2013.

2. 학술지 논문

강진숙, 〈SNS 속도문화와 창조적 저항〉, 《한국언론정보학회》 통권 58호, 2012.

고은지, 〈20세기초 시가의 새로운 소통 매체출현과 그 의미〉, 《어문논집》 Vol.55, 2007.

김상호 · 이윤진, 〈욕망과 매체변화의 상관관계와 디지털 컨버전스 시대의 욕망구조〉, 정보통신정책연구원, 2009.

김수아 · 홍종윤, 〈슬픈 랩스타〉, 《대중음악》 No.15, 2015.

김재희, 〈질베르 시몽동의 기술미학〉, 《미학예술학연구》 제43집, 2007.

김진아 · 박지훈, 〈한국 대중음악의 아이돌 편중에 관한 연구: 대중음악 생산자들의 인터뷰를 중심으로〉, 《미디어와 공연예술연구》, 2011.

김찬석, 〈우리가 말하는 음악에 열광하는 이유〉, 《방송작가》 제123호, 2016.

김태룡 · 김기덕, 〈한국 언더그라운드 힙합의 형성과정과 향유과제〉, 《다문화콘텐츠연구》 제18집, 2015.

김희정, 《대중매체로서의 디지털 매체》, 《미학》 제36집, 2003.

도기숙, 〈기술매체의 변화와 새로운 인간학〉, 《독일문학》 Vol.108, 2008.

박상욱, 〈k-pop 노랫말의 특성 연구〉, 《한국 문학과 예술》 제16집, 2015.

박상천, 〈테크놀로지,미디어, 문화콘텐츠〉, 《인문콘텐츠학회》 제37호, 2015.

박선민, 〈디지털 매체수용에 따른 대중가요의 변화양상〉, 《인문사회 21》, 2017.

박주연, 〈융합 환경에서 미디어 산업의 패러다임 변화에 따른 미디어 공급자와 이용자의 변화 연구〉, 《커뮤니케이션학 연구》 제18권, 2010.

손선주 · 박미숙 외, 〈한국어 감정표현단어의 추출과 범주화〉, 《감성과학》 Vol.15, 2012.

송정은 · 장원호, 〈유튜브 이용자들의 참여에 따른 한류의 확산〉, 《한국콘텐츠학회 논문지》 13권 4호, 2013.

송화숙, 〈1990년대로의 전환기 한국대중음악에 대한 매체문화사적 고찰〉, 《대중음악》 통권 5호, 2010.

______, 〈대중음악의 진정성〉, 《대중서사연구》 제21호, 2009.

______, 〈센세이션의 코드화〉, 《음악과 문화》 Vol.28, 2013.

신현준, 〈2000년대의 10년, 대중음악의 변화를 뒤늦게 회고하면서〉, 《황해문화》, 2010.

심혜련, 〈디지털 매체시대의 아우라 문제에 관하여〉, 《시대와 철학》 제21권, 2010.

원용진 · 곽경윤, 〈디지털 시대의 텔레비전 서사〉, 《한국방송학회 학술대회 논문집》, 2010.

이선호, 〈디지털 미디어의 발전과 한국 음악산업의 경향에 관한 연구〉, 《음악교육공학》, 2009.

이영미, 〈세계화 지구화 시대의 한국 대중가요를 위한 점검〉, 《정신문화연구 25》, 2002.

임곤택, 〈소셜미디어의 확산과 문학의 매체환경 변화 및 효과〉, 《어문논집》 Vol.72. 2014.

장미영, 〈소설과 미디어콘텐츠의 상호매체성- 2000년 이후 한국소설을 중심으로〉, 《국어문학 52》, 2012.

장유정, 〈대중매체의 출현과 음악문화의 변모 양상〉, 《대중서사연구》, 2007.

정우택, 〈근대적 서정의 형성과 이별의 양상〉, 《국제어문》 vol.38, 2006.

조흡, 〈디지털 텔레비전과 기술결정론〉, 《인물과 사상》, 2000.

주창윤, 〈놀이공간으로서 인터넷 문화의 형성과정〉, 《현상과 인식》 제34호, 2010.

차우진, 〈대중이 음악을 소비하는 방식〉, 《방송작가》 2016년 6월호.

천현순, 〈디지털 컨버전스 시대 인간과 문화의 변화양상〉, 《탈경계인문학》 제6호, 2010.

한혜원, 〈디지털 스토리텔링 활용방안 연구〉, 《한국 디지털스토리텔링학회》 Vol.2, 2007.

허만욱, 〈디지털 시대 영화산업에서의 서사 매체의 변용과 방향〉, 《어문론집 59》, 2014.

3. 학위논문

김난희, 〈디지털화에 따른 대중음악 소비자의 행동유형 연구〉, 단국대학교 석사논문, 2008.

김지연, 〈디지털 기술 도입에 따른 대중음악 소비자 구매패턴 변화 연구〉, 단국대학교 석사논문, 2006.

김태희, 〈한국대중음악 시장변화에 따른 대중가요 아이돌 가사의 선정적 획일화에 관한 연구〉, 고려대학교 석사논문, 2012.

김향숙, 《한국어 감정표현 관용어 연구》, 인하대학교 박사논문, 2001.

문희천, 〈음악산업과 디지털 기술의 융합에 따른 시장 환경 변화 연구: 융합에 의한 문제점을 중심으로〉, 단국대학교 석사논문, 2011.

박선민, 〈한국 대중가요의 이별정서 양상과 시대별 변화 연구〉, 고려대학교 석사논문, 2013.

박선민, 〈디지털 시대 한국 대중가요의 변화양상 연구〉, 고려대학교 박사논문, 2017.

양선영, 〈디지털 기술 도입에 따른 대중음악 수용자의 변화 연구〉, 연세대학교 석사논문, 2015.

이재인, 〈디지털 음원산업의 발전에 따른 주요 쟁점과 전망〉, 단국대학교 석사논문, 2008.

장승준, 〈디지털화에 따른 음악 산업의 변화와 DRM 적용 음악서비스에 관한 연구〉, 단국대학교 석사논문. 2007.

조경원, 〈디지털 매체의 등장과 음악현상의 변화〉, 한국예술종합학교 예술사논문, 2007.

채현주, 〈일렉트로닉 팝의 특징 연구〉, 상명대학교 석사논문, 2008.

4. 기사 및 보고서

권석정, 《뉴미디어, 다윗이 골리앗을 이기는 새로운 방법》, 채널예스, 2016.

김현진, 〈SM 가는 길, K팝 새역사〉, 서울경제, 2020.4.23.

민경원, 〈BTS '다이너마이트' 새 역사 쓰나…포브스 "싱글차트 1위 예상"〉, 중앙일보, 2020.8.28.

박영웅, 〈꿈이룬 방탄소년단, 미 진출보다 중요한 케이팝 자부심〉, 스포츠조선, 2017. 5.29.

박지현, 〈내 가수는 내가 알린다. 봉사, SNS 통한 홍보로 진화하는 팬덤〉, 파이낸셜 뉴스, 2017.6.1.

백지은, 〈상반기 매출 2940억, 빅히트, SM-JYP-YG 넘어 가요계 최대공룡〉, 스포츠조선, 2020.8.13.

신희강, 〈4차 산업혁명시대, 진화하는 음원시장..멜론 벅스 지니 신기술 각축〉, 아주신문,

2017.5.28.
진경진, 〈K팝 팬들의 '노쇼', 텅빈 유세장 트럼프 격분시켰다〉, 머니투데이, 2020.6.22.
현시원, 〈내가 미쳤어. 후크송에 빠졌어〉, 한겨레신문, 2009.2.28.
〈신구사상이 안테나서 충돌〉, 조선일보, 1933.12.17.
황성신문 기사, 1899.3.10.
네이버 공식 홈페이지 2017.6.1.
http://www.navercorp.com/ko/company/companyInfo.nhn
다음 공식 홈페이지. 2017.06.01.
http://www.kakaocorp.com/about/history

《2015년 4분기 음악산업 동향분석 보고서》, 한국콘텐츠진흥원. 2016.
《2014 대중음악실태조사》, 한국콘텐츠진흥원, 2015.
《2016 음악산업백서》, 한국콘텐츠진흥원, 2017.
《2015 음악산업백서》, 한국콘텐츠진흥원, 2016.
《2016년 콘텐츠산업 제2분기 동향보고서: 음악산업부문》, 한국콘텐츠진흥원, 2017.
《음악산업 패러다임과 지속성장을 위한 정책연구》, 한국콘텐츠진흥원, 2019.
《KISDI STAT REPORT》, 정보통신정책연구원, 2016.